LAS ESPAÑOLAS EN SECRETO

COMPORTAMIENTO SEXUAL DE LA MUJER EN ESPAÑA

DISEÑO CUBIERTA: Marco Antonio Katalinic

PRIMERA EDICION: marzo 1975
SEGUNDA EDICION: abril 1975

EDITOR: José Mayá

Doctor Fleming, 51 - Madrid-16
Teléf. 416 12 00
Empresa 1215/74 del Registro del
Ministerio de Información y Turismo
IMPRESION: *Altamira-Rotopress, S. A.*
DEPOSITO LEGAL: M. 14.672/75

ISBN 84-7380-026-5

Distribuidora MAYDI, S. A.
Doctor Fleming, 51
MADRID-16

Impreso en España
Printed in Spain

PEREGRIN CLAVE *"VENUS Y EL PALOMO"*
Museo de Arte Moderno, Barcelona

JOSE ANTONIO VALVERDE
Dr. ADOLFO ABRIL

LAS ESPAÑOLAS EN SECRETO

COMPORTAMIENTO SEXUAL DE LA MUJER EN ESPAÑA

Prólogo por el profesor
LOPEZ IBOR

SEDMAY EDICIONES

A todas las españolas que están en edad de amar. A todas nuestras lectoras... Y especialmente a aquellas mujeres que más cerca están de nosotros y que con su intención, su entusiasmo y su violenta sinceridad, han hecho realidad este libro. A nuestras mujeres, a nuestras madres, a nuestras hermanas y a nuestras hijas...

Prólogo

«VARON Y HEMBRA
LOS CREO».

LIBRO DEL GENESIS

EN los últimos años ha saltado a la calle el tema de la sexualidad empujado por intereses no siempre constructivos (ya se sabe que los ingredientes para garantizar la tirada de una publicación periódica con pocos escrúpulos son las tres eses: sensacionalismo, socialismo, sexo), de ahí que el lector se pregunte ¿qué quieren decirnos el doctor Abril y José Antonio Valverde en este libro?

El ser humano es el animal que más fácilmente se engaña a sí mismo, y como consecuencia el que menos habilidad necesita para mentir a los demás. Todo el mundo sabe que el gran embustero empieza por creerse sus propios embustes. Una de las esferas en las cuales se da este hecho es precisamente la de la sexualidad. ¡Claro!, se me dirá, ¡hasta hace muy poco no se ha ocupado nadie de la educación sexual! Efectivamente, así es, pero también es cierto que la situación actual no es muy halagüeña. En ningún terreno se sienten los padres y maestros más desconcertados que en el sexual, y en ninguno es más fácil equivocarse. El peligro de pasar de una falta de educación a una mala es enorme. Alguno incluso se preguntará que qué será mejor. Desde luego no «cualquier tiempo pasado».

¡Qué difícil es encontrar el lenguaje adecuado para tratar los temas sexuales! Los médicos lo vemos todos los días, a pesar de que, psiquiatras y ginecólogos somos objeto de confidencias por parte de los enfermos en este sentido. Los libros científicos

están llenos de términos exactos para el iniciado, otros en cambio no llegan a nombrar lo que tienen que nombrar y otros se recrean en un lenguaje grosero. En pocos de ellos encuentra el lector lo que quiere. Resulta curioso observar cómo cambia el tono de voz cuando surgen los temas sexuales en una conversación, y con la facilidad con que inmediatamente surgen los comentarios obscenos o los chistes, como mecanismo de defensa para evitar comprometerse en un terreno caliginoso. Los «chistes verdes» han sido la primera y más constante fuente de información sexual para muchos jóvenes durante generaciones, al lado de los relativos de las «aventuras» de los que presumían sus compañeros o compañeros más atrevidos. Malos maestros son la chirigota y la fanfarronada, pero sobre todo, malos baremos en los que medirse. El joven, o la joven, que todo lo aprendió de oídas y que no pudo entender correctamente el libro o diccionario en el que a hurtadillas buscaba explicaciones, crecerá con una idea inadecuada de lo que es sexualmente normal. ¿Pero, qué es normal en la vida sexual?

Con Freud la sexualidad entró en el gran mundo científico (antes de él existía una sexología con menos público). Con Kinsey alcanza prestigio un método aparentemente riguroso de investigación de la sexualidad, el de las encuestas. De ellas se han obtenido una serie de datos que en cierta manera supieron sacar a la luz los fallos de una educación excesivamente moralizante, como la que predominaba en los medios donde se hicieron. ¡Tanto puritanismo inútil! Suele insistirse en que fueron muy dañinas las consideraciones que se hacían antaño para evitar la masturbación. A los jóvenes de las generaciones que nos precedieron les decían que las consecuencias de los pecados solitarios no eran otras que la «impotencia» o los «reblandecimientos medulares». A pesar de ello, según la encuesta de Kinsey, el 92 por 100 de los varones y hasta el 06 por 100 de las hembras se masturban. ¿Se masturban o dicen que se masturban?

En 1966 William H. Masters y Virginia E. Johnson publicaron «La respuesta sexual humana», obra que inicia un nuevo capítulo en la sexología. Esta pareja de investigadores ha escu-

driñado la fisiología de la sexualidad, o mejor dicho, de los actos sexuales, aplicando las mismas técnicas que se utilizan, con hombres y animales, en los laboratorios de investigaciones biológicas. Observaciones detalladas, filmaciones, mediciones minuciosas nos han permitido conocer hoy más detalles sobre la función sexual. Pero, ¿es eso un avance tan importante? Realmente no. Sobre todo no ha sido a un nivel general. El que lo sea para la medicina, o pueda tener utilidad en casos muy aislados no quiere decir que todo el mundo vaya a ganar algo con ello, y sobre todo, no hay que pensar que hoy día no se pueda llegar a una satisfacción sexual sin conocer los trabajos de Masters y Johnson, de la misma manera que no es necesario conocer la neurofisiología del sueño para dormir bien, o la de la digestión para disfrutar de una buena comida. Incluso en determinados momentos puede ser un inconveniente.

En los últimos años estamos asistiendo a un intento de «aggiornamento» de la sexualidad. Su demitificación, su transformación en un bien de consumo, la pornografía, las boutiques sexuales («sex shops»), etc. son su expresión. La obra de Masters y Johnson se incluye, a otro nivel claro está, en este movimiento. Se busca integrar la vida sexual en la vida del hombre moderno, como bien de consumo y fuente de satisfacción. Se trata de poner el sexo al alcance de las masas, igual que los veraneos en los países cálidos, pero ¿es ese el buen camino? ¿Qué significa saber y poder «hacer el amor» bien o al antojo propio? Esto quedará más claro en el siguiente caso:

Una chica de veinticinco años de edad vino a consultarme por una serie de dificultades en su matrimonio. Trabajando en una profesión había conseguido un gran prestigio y se hallaba casada con un joven de rica familia, más bien poco trabajador y de aficiones artísticas que llevaba a la práctica con la ayuda económica que su mujer le proporcionaba. Por lo que ella me contó tenía él una desviación sexual grave que le impedía llegar a consumar el acto sexual con normalidad. Por este motivo consultó con un sexólogo. Tras unas cuantas semanas éste pretendía haberlo curado y decidieron, sexólogo y paciente, exponer a la esposa el éxito del tratamiento dando luz verde al matrimonio y garantía de felicidad. Dada la solemnidad del momento decidieron ambos citarla no en la consulta del uno o el apartamento del otro, sino invitarla a cenar a un restaurante elegante, en lo que prometía ser casi una nueva cena de esponsales. Llegando al segundo plato, sexólogo y marido, al alimón, empezaron a explicar con todo lujo de detalles, lo que éste era ya capaz de hacer. Que si primero podía esto, que si luego llegaba hasta, que si por fin... Mientras tanto crecía la indignación de la esposa, hasta que explotó: «¡Eso lo saben hacer los perros sin que nadie se lo haya enseñado!» Allí acabaron, de una, cena y matrimonio.

Nos encontramos, pues, en un momento en el que la tecnificación ha alcanzado a la vida sexual. El libro, lector, que ahora tienes entre manos, escapa, afortunadamente, a esta corriente. En él se expone con una finalidad esclarecedora y, por lo tanto, didáctica, la situación de la mujer española en las postrimerías de este siglo XX, que tanta guerra está dando. Los autores, un ginecólogo y un periodista, han conseguido su propósito sin técnicas de fisiólogos o sociólogos encuestadores, ni de moralistas o psicoanalistas, sino con una perspectiva más real, más vital. *Cada capítulo es más que eso, una historia de todos los días o la quintaesencia de muchas de las que un ginecólogo, o cualquier médico, puede escuchar en su consulta. La fuente de informe es más directa y más veraz. Las respuestas a los cuestionarios no son siempre ciertas, y menos aún si se refieren a un tema como al de este libro. Los sujetos con los que experimentan Masters y Johnson ¿a quién representan? ¿Qué española se prestaría a tener una relación sexual delante de un grupo de investigadores, ante el objetivo de un video-tape, o con un varón quizá desconocido lleno de electrodos? «Las españolas en secreto» es, con un estilo menos científico, más auténtico.*

«El sexo es, simplemente, algo más», dicen, o se les escapa a A. Abril y J. A. Valverde en un momento determinado. Para Freud, y de un modo aún más acentuado para alguno de sus seguidores, la sexualidad era el motor y «leit motiv» de toda la vida

psíquica. Más bien deberíamos de afirmar lo contrario, la sexualidad no es algo aislado, sino que en ella participa toda la personalidad. Resulta así que de todas las conductas humanas la más frágil, nuestro talón de Aquiles, como dice Fromme, es la sexual. «En el área de la sexualidad hay tanto material para conflictos, descarrilamientos, resistencias, que cada uno de nosotros ha tenido en algún momento dificultades en el desarrollo de su vida sexual normal». El que ya no se hable de amor o se haga en un sentido restringido, como el «hacer el amor», al que me refería antes (el amor no se hace, se da, se recibe o se participa en él, pero «hacerse»...), el que el sexo le haya suplantado, así como la pornografía al erotismo, con expresión de la trágica situación actual, de la cual salen más perjudicadas, según los autores de este libro, las mujeres, las mujeres españolas. «No es bueno que el hombre esté solo», ¿y la mujer? ¿Soporta mejor la soledad? Parece que sí, pero ¿es bueno que así sea? ¿No perderá más el varón con esta tolerancia?

No existe una norma rígida en el terreno de la sexualidad, y menos aún una de fundamento fisiológico. Todos escribimos con las veintiocho letras del alfabeto, y sin embargo, es muy distinto el uso que de ellas hacemos. Apenas nada tiene en común el «Quijote» con las facturas de un tendero, a pesar de que ambas están redactadas a partir de los mismos guarismos. Las posibilidades de despliegue en el terreno sexual son tan amplias que incluso es normal en este terreno la renuncia y la represión. Mejor dicho, sin ellas el varón cae en el donjuanismo y la mujer en la ninfomanía, grotescos o trágicos, pero ambos patológicos.

Dentro de esta renuncia o represión de la sexualidad hay un estudio reciente hecho en Alemania sobre las mujeres que mantienen su virginidad en el matrimonio. De ellas hay varios grupos, y la mayoría no lo hacen por ignorancia. No puedo extenderme en ello ahora, sólo quiero llamar la atención sobre el hecho. Quizá para algunos son mujeres frustradas o que no se han realizado, pero ¿qué piensan ellas? y, sobre todo, ¿sus maridos? Cada matrimonio es un mundo, y llegando a un cierto punto ni como médicos ni como investigadores de ningún tipo tenemos acceso al misterio de la intimidad conyugal.

El tema sexual es bandera que han esgrimido desde Freud los que han tenido afán de reformadores sociales y más recientemente los revolucionarios. Asistí una vez a un congreso sobre sexología en San Remo para hablar de la homosexualidad. Allí se habían congregado grupos de homosexuales de toda Europa dispuestos a dejar constancia de su presencia. El primer día un psiquiatra extremista en sus opiniones afirmó que el congreso podía saltarse la sección sobre la homosexualidad, que era perder el tiempo, ya que, según Reich, ésta no es más que una esquizofrenia larvada. El secretario de uno de los grupos de homófilos a los que me estoy refiriendo, estudiante de medicina inteligente, le increpó en la discusión con observaciones acertadas (la homosexualidad no tiene nada que ver con la esquizofrenia ni con los trastornos mentales graves, tampoco es un problema exclusivamente psicológico, sino es una disposición innata, que hace que la vida del que así ha nacido sea más dura y difícil que la de los heterosexuales, etc.). La sorpresa de este joven revolucionario y de sus compañeros al día siguiente, al llegar la sesión sobre «su» problema fue grande. No sólo porque nadie mantenía la opinión de aquel psiquiatra extremado, sino también porque se dieron cuenta que la psiquiatría o la sexología no tenían una actitud preconcebida y moralizante frente a ellos. Realmente la vida del homosexual es trágica y difícil, aparte de por los problemas psicológicos que muchos de ellos tienen, porque no existe ninguna forma de satisfacción sexual apta para ellos, que esté socialmente establecida (matrimonio). Traigo esta anécdota aquí porque resultaba que los grupos y organizaciones de homosexuales allí presentes estaban todos ellos promovidos por partidos políticos de izquierdas, que gracias a ellos se hacían su propaganda. Ni un solo grupo era apolítico. De este congreso hay otro hecho de interés ahora. Después de mi exposición, una de las mujeres homosexuales, de aspecto bastante fornido y poco agradable por cierto, me comentó su añoranza por la civilización griega, tan tolerante con la homosexualidad. «Sí, con la masculina», fue mi respuesta, «en la Grecia clásica, las mujeres, homosexuales o heterosexuales, nunca fueron más que ciudadanas de segunda categoría, con las que no había posibilidad de diálogo».

Finalmente, el libro está escrito todo él con un estilo llano y un aire desenfadado. Recordando lo que dije más arriba sobre el lenguaje de la sexualidad no es esto mérito pequeño. Llevar al terreno de las masas lo que sólo puede expresarse en un diálogo íntimo, en un lenguaje al que le sobran las palabras, y sin caer en tecnicismos, artificios o moralizaciones, es su gran mérito, que no debe ser tomado por vulgarización. El pudor y la vergüenza son ingredientes de la vida sexual, y no se pierden más que en una auténtica intimidad «y se unirá a su mujer y serán una sola carne. Y estarán ambos desnudos, Adán y su mujer, y no se avergonzarán». La española por dentro no se comprende sin su *español, por dentro. ¿Quién escribirá el español por dentro?*

JUAN JOSE LOPEZ-IBOR ALIÑO

Salamanca, marzo 1975

Una justificación y... un suspiro

A todos nos ha dado ahora por hacer historia de nuestro tiempo, aunque a veces la inmediatez nos haga perder la perspectiva...

A todos nos ha dado por describir, interpretar y juzgar, no sin un cierto desenfado, o tal vez con un inevitable descaro, nuestras cosas, las cosas de nuestros hombres y nuestras mujeres, las cosas más típicas de nuestra costra ibérica y española.

Los españoles (y también las españolas) están sufriendo desde hace un tiempo el constante torpedeo de nuestra literatura de albornoz y zapatillas, quizá un tanto superficial y quizá un mucho subjetiva.

Nos estamos apresurando a fotografiar, sin rubor y sin cansancio, algo que se nos muere, una sociedad que se transforma. Y así, como para dejar testimonio de una época, de una época más larga que satisfactoria, aunque a veces también dejemos traslucir la nostalgia, apuntamos en intermitencia sus vicios y sus pecados, sus cualidades y sus temores, sus complejos, sus ansias, sus deseos, sus aciertos y sus errores, pero quizá con la tímida intención de producir el eco favorable o la hilaridad, más que la toma de conciencia ante determinados males.

Y a lo mejor resulta que estamos equivocados. Y a lo mejor también resulta que el español, que los españoles, no queremos que nadie nos venga con «encantos» semejantes, que nada resuelven y que a lo sumo nos conducen, como tantas cosas, a la vía muerta.

Es el caso de este libro que quiere decir, y decirnos, cómo son las españolas ante algo tan resbaladizo como es el tema del sexo.

Los autores, lo confesamos, hemos partido de un suspiro, de un triste suspiro.

Porque el tema es áspero, el tema es ingrato, el tema es, lamentablemente, delicado. Y porque partimos de una realidad no menos triste, como es el hecho del desafortunado comportamiento de la mujer española ante el sexo. La española, todo hay que decirlo, acaba de descubrir su sexo. Pero ¿cómo lo ha descubierto...?

Desde estas páginas que aún nos quedan por llenar, vamos a describir, sencillamente, sin alardes filosóficos, ni sociológicos, ni tampoco literarios, sin ningún deseo de espectacularidad, pero conscientes de producir muchas sorpresas y sobresaltos, lo que ha sido el comportamiento sexual de la española durante algunos años, lo que está siendo, y lo que puede ser dentro de muy poco tiempo.

Es evidente que en lo que va de siglo, el comportamiento general de la mujer española, no solo en lo que al sexo se refiere, sino en cuanto a su conducta integral concierne, ha evolucionado notablemente. Es más: podríamos atrevernos a decir que el comportamiento sexual de la mujer española ha experimentado un cambio trascendental y vertiginoso sólo en esta última década; pero vamos a justificarlo.

Lo que en la primera decena de mil novecientos hacía una mujer, que era considerada socialmente un elemento perverso, y hasta incluso temerario, hoy, en el ecuador de la década de los setenta, es justamente lo que corresponde al comportamiento de la mujer más estrecha, más retrógrada y más conformista, pongamos por caso.

Sin duda que hubiera sido más adecuado —a la hora de explicar todo este proceso, esta evolución que ha manifestado la española ante el sexo y su comportamiento— haberlo presentado bajo tres épocas bien diferentes: la mujer española antes de la guerra, la mujer española antes de la píldora y la mujer española antes del divorcio, aunque también hubiera sido hilar fino, demasiado fino.

Pero se nos antoja que la exposición se hubiera resentido y, en determinados aspectos, hubiéramos caído en la reiteración, por un inevitable inmovilismo durante muchos años. Eso nos ha hecho optar por ir haciendo una descripción informal, casi amistosa, de ese comportamiento que la mujer española nos ha venido ofreciendo durante quince lustros.

A la tarea nos hemos comprometido un periodista y un ginecólogo. Y ambos éramos conscientes, desde el principio, de que, en ocasiones, un tema tan peliagudo o tan gaseoso como el del sexo, puede estar mucho más cerca de conocerlo un taxista, un sacerdote o un médico veterano y de pueblo. Sin embargo, lo que conoce el taxista (que puede estar en muchos secretos) se queda para los amigos; lo que conoce el sacerdote se queda en el confesionario, o lo «suelta» moralizando, y lo que conoce el médico rural, que tantos problemas resuelve al cabo del año, se nos queda descolgado quizá de la realidad de nuestro tiempo. Así, nos hemos decidido a abordarlo.

El ginecólogo tiene la experiencia y el conocimiento que le han proporcionado las seis mil fichas (seis mil pacientes) con las que ha tratado. Y en su constante preocupación por detectar temores y represiones, que degeneraban en alteraciones del estado físico, está la clave de lo que ha interpretado y descubierto.

El periodista, profano en esta materia, como es obvio, pero con afán investigador y de dar testimonio, ha recorrido caminos y escudriñado rincones donde el experto, o quizá el sociólogo, no hubiera llegado, para detectar la realidad más íntima de ese comportamiento femenino, timorato y a veces desfasado, obteniendo íntimas confesiones, dolorosas y sinceras confesiones, a través de las cuales puede ofrecer y escribir estos resultados.

A lo largo de esta intensa andadura por los caminos femeninos hemos descubierto algo que quizá no hacía falta descubrir, porque de todos es conocido: que no existen dos españolas que muestren un comportamiento semejante ante el sexo. Tendríamos, entonces, que ofrecer el testimonio de dieciocho millones de comportamientos diferentes, más otros tantos de españolas que se mostraron en otro tiempo, para llegar tan sólo a una proximidad relativa. Pero, sin embargo, nos hemos decidido.

Por otra parte, las estadísticas elaboradas en nuestro país en torno a los temas de la sexualidad femenina, a pesar de las inmejorables intenciones de sus autores, no responden a la realidad, ni mucho menos. Ni son falsas, ni son exactas. Son, a lo sumo, aproximadas y ligeramente orientativas. Porque la mujer española, ante un cuestionario inanimado, al estilo americano o sajón, no se siente en absoluto dispuesta a derrochar su sinceridad o su tiempo, ni a constatar los problemas por los que puede estar atravesando.

Aun conscientes de la imperfección de nuestro sistema, pero a través del cual hemos podido comprobar la gran ignorancia que padece la española (y también el español) en cuanto se refiere al tema del sexo, a la vez que hemos advertido la gran necesidad que tiene la española de nuestro tiempo de enfrentarse a sus problemas íntimos para poder resolverlos, incluso de poder contrastar experiencias y conocimientos, creemos estar en disposición de desentrañar esta incógnita social y femenina, desvelando los secretos del comportamiento más íntimo de la mujer española.

La conclusión a la que hemos llegado, que es la misma de la que precisamente partimos, es tan rotunda y clara como delatora: la mujer española no ha sabido descubrir su sexo; la mujer española arrastra una insatisfacción sexual infinita; la mujer española desconoce la realidad y las cualidades de su sexo; la mujer española, en general, y pese a las falsas apariencias, no ha evolucionado al ritmo que otros autores han querido demostrarnos, en relación al comportamiento de su sexo.

Parte de la bibliografía última que ha aparecido en el mercado del libro (que no ha sido escasa) apuntando los problemas de la mujer y del sexo, ha tenido un tratamiento casi exclusivamente patológico. Y cuando no, cuando ha seguido los cauces de la bibliografía anterior, ha tenido un corte puramente moralizante, casi-casi castrador para ese comportamiento sexual femenino, altamente represivo.

Hoy, algunas barreras que sostenían blandamente el tema del sexo, como parte del comportamiento humano, parece que se están resquebrajando. Incluso algunos asustadizos sostienen que podemos ser víctimas de un peligroso erotismo, que otros países han superado a tiempo. Serenamente, podemos decir que la larga y profunda represión que hemos padecido en tanto tiempo, ha necesitado una válvula por donde escapar y que eso ha producido un ligero estallido.

Al sexo no hay por qué tenerle miedo. El sexo es, simplemente, algo más, algo que acompaña al hombre (y por supuesto a la mujer) desde su nacimiento, algo que cumple un destino y que es parte integral de todo comportamiento humano. Tampoco hay por qué confundir sexualidad con erotismo; ni genitalidad con sexualidad, como los españoles tan bien y tan exquisitamente hemos confundido, o cuando menos, se ha pretendido.

Bajo esta perspectiva hemos analizado el sexo y el comportamiento femenino. En todo momento, en nuestro afán por un verídico realismo, hemos sacrificado cualquier intención preconcebida, cualquier concepto subjetivo, así como las citas convencionales que parecen obligadas en cuanto hablamos del comportamiento que se desprende del sexo.

Freud no está presente en este libro. Ni Freud ni otros teóricos y expertos de nuestro siglo. Muy conscientemente lo hemos evitado. En este libro hemos querido que esté tan sólo la mujer española, y muy en secreto. Justo es reconocer también en este punto que tanta insatisfacción como demuestra la mujer española, en relación al sexo, que tanto desconocimiento, capaz de habernos arrancado un suspiro, es sólo la triste consecuencia del comportamiento dominante, superior e inexperto del español típico, del marido celtibérico.

José Antonio VALVERDE y Dr. Adolfo ABRIL

Madrid, febrero 1975.

Retrato robot de la mujer española

NADA significa, realmente, que la española haya conquistado ya, y sólo en algunas provincias, un puesto de guardia municipal.

Tampoco significa nada que la española esté compartiendo (y sólo es un decir) los asientos de la Universidad; ni que haya llegado hasta la Alcaldía, hasta la dirección de una empresa o la dirección general. Mucho menos significa el que la española conduzca un taxi o una ambulancia por alguna de nuestras ciudades, reparta correspondencia por los montes asturianos, o entierre a los vecinos en la provincia de Badajoz o Ciudad Real.

¿Qué puede significar el hecho de que la española de nuestro tiempo, con sus ansias de realización, de emancipación y de libertad, haya obtenido el consentimiento marital, o prescinda de él, para tener derecho al trabajo y a permanecer en la nómina de cualquier empresa, aun después de su maternidad?... Puede suceder, así, que durante meses, la española se pasee por la oficina, la fábrica o el taller con sus vestidos de futura, y que ya no todos lo vean mal.

Verdaderamente, las cosas no han cambiado tanto. Si la actitud femenina (algunas formas de su actitud) ha realizado algún ligero progreso, su comportamiento sigue siendo aproximadamente el mismo.

Sin duda, algunas evidencias se dan:

Sí, es verdad que existe un tipo de mujer española que ha pasado de ir permanentemente como «paquete» en la vespa a conducir su propio utilitario, o su cinco plazas, muy consciente de su grado de liberación. Y también, es verdad que hay un tipo de española que le pone remilgos hoy a eso de coser, fregar y planchar, como meta de su realización integral. De la misma manera es cierto que la española actual ya no se conforma con ir los domingos de excursión al río; ahora, esa misma española, decide tomar un billete de avión y pasar un fin de semana a lo grande y a la europea, en Palma, en Marbella o en París.

Pero, lamentablemente, también tenemos que reconocer y hablar aquí de esa española del interior de Castilla, o de la Mancha, de Extremadura o Aragón, que jamás ha conocido el mar, que sólo estrena traje una vez al año (el día del Corpus, quizá, para ir a la procesión) y que acaso una vez se fue en coche hasta la capital, cuando iban a operar de una hernia a su marido, o cuando su nuera estaba haciéndose el ajuar.

Aquí, necesariamente, cuando hablamos de la española, tenemos que referirnos a esa joven que sólo fue a la escuela de primera enseñanza, que ayudaba a su madre en la cocina y que diariamente acarreaba el agua para lavar; que luego se hizo sastra-costurera, que tuvo un novio que la dejó, pero que finalmente consiguió vestirse de blanco, que una sobrina le llevara las arras y que, a su paso, entre sollozos de emoción, sonara la marcha nupcial.

Porque éstas son, también, las españolas de hoy.

A veces, ciertas revistas del corazón, ofrecen una falsa imagen y deforman nuestra hispánica realidad. Sobre todo cuando la nueva generación de famosas, casi todas recién casadas (casualmente) anuncian la nulidad de su matrimonio; o cuando una célebre soltera pregona, a bombo y platillo, sus irresistibles deseos de maternidad.

Si nos aproximamos a la española con una intención más real, lejos de toda nuestra tendencia a la fantasía, puede que seamos víctimas de una honda perplejidad.

A lo mejor resulta que la española que se ha hecho guardia municipal, los sábados por la tarde se va al cine con su novio y los domingos se queda viendo la televisión y haciendo buñuelos, para así poder ahorrar y comprar un piso en Alcorcón.

A lo mejor resulta, también, que la brillante universitaria, que ha terminado Económicas, o que ha hecho Químicas o Derecho, que tenía un gran futuro como profesional, y que ocupaba gran parte de su tiempo en las discusiones del «pub» o la «boat», entre pitillo, whisky y pitillo, acaba un día poniéndose el delantal, haciendo macarrones al horno, limpiando los mocos a los críos y esperando cada noche el regreso de su marido, como su máxima aspiración.

Y, hasta incluso, puede acabar sucediendo que tanto nuestra española del corazón de Castilla, que jamás ha conocido el mar y que sólo estrena traje el día del Corpus, como la española que se hizo guardia municipal, como la universitaria, como nuestra emancipada que ha sido turista-liberada en Palma, Londres, París, Marbella y Atenas, al cabo de muy poco tiempo, lamentablemente, comiencen a pensar igual y sigan un mismo comportamiento, sobre todo en lo esencial.

Sin duda, también esto puede suceder.

Y de hecho, nosotros, nos hemos encontrado con esta española en cualquiera de los caminos. Se trata de una mujer que aunque a veces sabe expresarlo y otras no, a diario reniega de su condición, se siente vencida, objeto y oprimida y, por encima de todo, insatisfecha; una mujer que, pese a la constancia de sus intentos, no consigue romper su tedio ni su amargura; que tiene más hijos de los que desea en realidad; que se siente tristemente falta de amor; que descubre su incapacidad histórica y natural para emanciparse; que llega un momento en que sólo siente la necesidad de pedir la fidelidad y el cariño de su marido; que sigue confiando en que algún día... quizá, haya una verdadera revolución femenina, y que, sobre todo, desde una perspectiva puramente social, lamenta que su segundo hijo haya nacido también mujer.

¿Cómo es nuestra española-tipo en realidad?

Es una mujer que tiene asimilado muy bien lo que significa ser sumisa y devota, lo que es ser casta, hacendosa y maternal. Pero que, incluso, siempre atraviesa un momento en su vida en el que quisiera romper con todo, echar sus represiones a volar y respirar aires nuevos, volverse frívola y algo desvergonzada, ser más amante que maternal... Aunque tan sólo es un momento de ira o un momento de ansiedad, una ráfaga mezquina que atraviesa el velo de su imaginación.

La española comienza siempre por ser una niña más lista y más limpia que su hermanito, que a los nueve meses ya se anda y a los dieciocho, ella sola, se pone en el orinal. A los dos años, «tiene más gracia que nadie» y hace carantoñas y mimos a su papá. A los tres, ya juega a ser coqueta, se calza los zapatos de tacón, se pone velos por la cabeza y hasta se pinta las uñas y los labios con los afeites de su mamá, ante el asombro y el temor de los abuelos.

Luego, cuando comienza el colegio, se aprende antes que nadie el Padrenuestro, el Yopecador y la tabla de multiplicar. Y quizá también recita «con más salero que nadie», las poesías a la Virgen en el mes de las flores y de las alergias adolescentes.

Después, nuestra española, se asusta mucho cuando le aparece, quizá un domingo o un festivo, la primera menstruación. A lo mejor vive unos días de llanto y temor, y luego, de pronto, deja de hacer carantoñas y mimos a su papá. Se sobreexcita un buen día, cuando un vecino la mira más de lo justo por la escalera o en el ascensor, y se pone roja-roja, a punto de reventar.

Toda española acaba enamorándose (todavía, aunque nos parezca una regresión) de un galán; pero termina rompiendo la foto con rabia, una tarde desolada, cuando una compañera le dice que ella siente la misma pasión. Por fin, nuestra española cree que ha descubierto el amor cuando se fija en un hombre enteramente real, pero con quien, lamentablemente, casi nunca se puede casar. Lee poesía en sus tardes melancólicas; se fuma los primeros cigarrillos y se arriesga, incluso, a llevar encima la cajetilla...

Cuando advierte el brote de sus senos en el espejo, siente una extraña y muy íntima sensación. Coquetea con los primeros chicos, sin saber exactamente por qué, y tiene la necesidad de contárselo todo al confesor.

Ya muy pronto, un muchacho le da un beso y ella, sorprendida, no sabe si abofetearle o agradecérselo. Cuando el mismo chico le da el segundo beso, ella le pregunta si eso quiere decir que ya son novios. Luego, acaso un domingo de verano, entre las sombras del cine, o en la penumbra del portal, ella siente un fuerte desasosiego ante la borrachera de besos. Y se comienza a conocer, y se comienza a temer, y se comienza a entregar o a controlar.

Por fin, el chico se va a la «mili» y, desde allí, la escribe las primeras cartas de amor, con muchas faltas de ortografía, pero con muchos besos, con infinitos besos... en el papel. Generalmente, el chico trabaja en un taller, o en una oficina. A lo mejor está haciendo informática, con deseos de prosperar. Cuando él vuelve de la «mili», hacen planes como si fueran a casarse ya. Pero después resulta que los padres del chico se oponen y que todos les dicen las mismas cosas y los mismos consejos: que hay que conocerse mejor, que hay que dar tiempo, que hay que ahorrar.

De una o de otra manera, la boda termina llegando. Finalmente, han podido dar la entrada de un piso en las afueras, donde dicen que antes de un año el metro les dejará en la puerta. Una de las noches, nuestra española, llega a casa angustiada porque su novio, el pobre, que no podía más, se ha querido sobrepasar. Y ella piensa que si la fecha no llega pronto, a lo mejor se queda embarazada y entonces ya no podrá subir de blanco hasta el altar, como era su sueño. Otra noche llega a su casa más tarde de las diez y cuarto y el padre, sin más, le suelta una bofetada y le dice que «en esta casa todo el mundo es decente» y «que no crea que porque ya es mayor de edad puede volver a casa a la hora que a la niña se le antoje».

A pesar de las múltiples peripecias de los últimos días, que son muchas, a pesar de la tensión de nervios en que se sume la pareja, y de los momentos de debilidad que está viviendo la española, cuando ya sabe que, finalmente, tiene que perder su virginidad, siempre llega ese día feliz. Y ella (como su madrina y su mamá) se acuerda de cuando se puso el traje blanco de comunión. Y, como estaba previsto, nuestra española sube de blanco y entre sollozos hasta el altar; pero la que no puede llevar las arras es su sobrina, ya que el último día se suscita una grave discusión familiar y la familia del novio está a punto de amargar la ceremonia.

Aquella noche, la española, se lleva una gran decepción. Y a la mañana siguiente, cuando se levanta, no se da realmente cuenta de lo que ha sucedido y tiene la sensación de que se ha equivocado de lugar y, hasta incluso, también de marido. De lo que no se siente capaz, en absoluto, es de que su novio (su marido, claro) la vea así, en camisón, o en ropa interior. Eso es algo a lo que difícilmente se acostumbra la española, ya que en su mente tiene muy claro lo que deja de ser decente para convertirse en indecente. Y eso sí que no...

Unos días después de la boda, nuestra española advierte la primera falta de su regla. Pero, a pesar de la evidencia, ella no lo quiere aceptar: si no es posible, si ella no ha sentido ningún placer, si tiene todo su aparato genital dolorido; si no es posible, de verdad...

Y sigue esperando en vano, y en silencio, a que le venga, como le ha venido siempre su regla, su visita mensual, que es como la conoce ella, de cuando hablaba secretamente con sus compañeras. Por fin, y ante la ausencia prolongada, decide comunicárselo al marido, cargada de rubor. Y le transmite a la vez todos sus temores también: sobre todo lo que pensarán los familiares cuando se enteren. Se vuelve prácticamente loca haciendo cuentas con el calendario, para convencerse de que ninguno tendrá derecho a decir que iba ya «todo hecho» cuando se casaron. Y así pasa las siguientes semanas, atormentada, con un infinito sentimiento de culpabilidad.

Efectivamente, cuando nace el primer niño, rollizo y moreno, como su padre, que pesa más de cinco kilos, que tiene los pies muy grandes, o planos, y los ojos muy abiertos, algunos de los familiares esconden o enseñan una cierta sonrisa cuando van a verla al sanatorio, convencidos de que la pareja había encargado al niño antes de aquella boda.

Pero a la española ya poco le preocupan estas cosas, porque al fin tiene a su hijo, que ha nacido con todos los dedos de las manos y todos los dedos de los pies y no hay nadie que la convenza de que la colilla del chico no es precisamente desproporcionada, sino que casi todos los niños, en este país, vienen al mundo así, bravamente dotados.

Lo peor comienza cuando los llantos nocturnos, cuando el eterno malhumor del padre, que (no se sabe por qué) tiene los nervios crispados. A lo mejor es culpa de la cuarentena. Ella sabe muy bien que hay que guardar la cuarentena después del parto. No lo entiende del todo, pero se lo ha estado escuchando, una por una, a todas las visitas femeninas que han llegado con bombones al sanatorio. Sin embargo, al cabo de los veinte días, su marido dice que «ya» no pasa nada y que todo puede volver a la normalidad. Ella se sigue oponiendo: «Si hay que guardar la cuarentena, habrá que esperar los cuarenta días». Y los nervios de la pareja... se crispan más.

Luego (siempre a destiempo) la pobre se entera de que «cuarentena» no significaba cuarenta días precisamente; pero ya no tiene remedio. Entre el sexo de los esposos se ha producido un violento distanciamiento. Tanto, que, una por indisposición y el otro por dignidad, ambos reducen sus relaciones amorosas a una vez cada quince días, cuando no cada tres semanas. Y si por ella fuera...

Porque resulta que a ella, a la española, le sigue pareciendo «aquello» una marranada. Preferiría no tener que hacerlo. Sin embargo, sabe que la Iglesia le manda sumisión y que ella no puede negarse cuando su marido se lo pida. Sólo por eso lo hace, si no... Y encima, lo del Ogino. Porque han convenido los dos que no venga otro crío más, por lo menos hasta que pasen dos o tres años. Y lo peor es que tiene que ser ella quien esté pendiente del calendario, y que tiene que ser ella quien diga si es momento o no, si ahora se puede o no se puede, si a lo mejor es buen día pero acaso hay mucho riesgo... Un verdadero suplicio.

Y, paulatinamente, la pobre española va siendo víctima de una seudofrigidez galopante, una seudofrigidez que va aumentando por días y por meses su grado de repulsión. Ella lo que ciertamente quiere son los mimos y las caricias de su marido; como al principio. Pero el marido ha cambiado mucho.

Ya se sabe lo que dice el refrán: «Cada día gallina, amarga la cocina.»

Los días comienzan a ser amargos. Y las noches más.

La española siente cómo se acumulan muchas preguntas en su cerebro, pero preguntas que no puede hacer al marido jamás. ¿Qué pensaría él, si no?

Una noche, echándole todo el valor, se decide a conquistarle de nuevo y le espera pacientemente hasta después de terminada la televisión. Dedica más de cuarenta minutos en el cuarto de baño a pintarse y a perfumarse. Realmente, y casi por primera vez, siente que algo le sucede, que quizás también ella necesita a su marido. Pero no quiere pensar en tales cosas. Ella no. Una mujer no tiene por qué sentir deseo de su marido. Eso tampoco es decente... (Es lo que la española siempre ha entendido.)

El caso es que nuestra española se siente seductora, hasta el extremo de ponerse el sujetador más bonito, el de las puntillas tan finas, insinuándolo maliciosamente, y descuidando el escote de su vestido de hilo. Cuando escucha ruido en la cerradura vuelve corriendo al cuarto de baño y se nota ridículamente provocativa. Aprovecha esos instantes en que el marido se entretiene en abrir la puerta para quitarse con un pañuelo el exceso de azul de sus ojos y para esconder la puntilla del sujetador.

Pero el marido español, que viene cansado (nunca se sabe bien de qué), diciendo que está harto de «echar horas» y de trabajar sin que para nada se note, mientras no vea a su mujer como las chicas-vamp que salen en las películas, con un salto de cama lujoso y provocativo, y mostrando sus encantos insinuantemente desnudos, no se da por aludido. Y la española vuelve a sentir otra no menos terrible decepción.

Sin embargo, hay una noche en que ella no está dispuesta a dejarse vencer. Algo, que no sabe dónde nace, la obliga a seguir y a reforzar su táctica de inexperta seductora.

Al final, consigue que su marido reaccione favorablemente y se vuelva tierno y dulce como lo era al principio, que la bese con cuidado y que la regale los oídos; pero en ese mismo momento, casi siempre, se pone a llorar el niño. Y la pobre española, sofocada, corre por el pasillo, a acurrucarle con cuidado, para que se vuelva a dormir.

Tampoco se sabe por qué, en situaciones semejantes siempre puede ocurrir la fatalidad. Y en el instante de entrar en la cama, cuando todo parecía ya indicar que la pareja iba a compartir una noche especial, la española sale del baño con aire compungido y le dice al marido:

—Cielo, no podemos hacer «nada»: ya estoy manchando.

Sólo una extraña vez, en esos primeros años de casada, llega la española a alcanzar el orgasmo, o el placer total en su relación sexual. Y ese día, o esa noche, mejor, la española se siente desmayar bajo los brazos de su esposo. Le ha parecido todo tan irreal, tan desmesuradamente placentero, que tiene la convicción de que de nuevo ha vuelto a quedarse en estado. Y se apresura a aplicarse un lavado vaginal. Aún pasarán muchos meses hasta que, de nuevo, la española vuelva a sentir un orgasmo, que siempre le suele parecer de inferior calidad.

Pese a todo, con la segunda ocasión, descubre la española, lejanamente, sus posibilidades de placer. Nadie le había dicho nada anteriormente. Por eso piensa si no será ella una de esas mujeres víctimas de la pasión, predispuestas al mal de la carne y del amor. Su madre seguro que jamás ha sentido la satisfacción que ella ha sentido ya por segunda vez. Y no puede reprimir los deseos de hablarlo con alguien, pero... ¿con quién? Quizás sea mejor callar. Y, naturalmente, calla.

Al cabo de sólo unos años, la española es ya madre de tres hijos y se encuentra con que la casa que compraron en el barrio de las afueras, donde todavía esperan que prolonguen el metro hasta la puerta, se ha quedado pequeña.

Por las noches, siente a sus hijos llorar y no deja de mecer al pequeño, que aún tiene la cuna en su habitación. Ya le asalta un extraordinario pavor a quedarse de nuevo en estado, porque con la segunda y el tercero, las cosas en el sanatorio no fueron nada bien. Gracias al médico de la nueva Sociedad, si no...

Pero el Ogino vuelve a jugarles una mala pasada y, cuando el más pequeño aún no se suelta ni a gatas, la española ya se encuentra de dos faltas otra vez.

La familia le dice al marido que cuándo piensa parar, que si es que no tiene consideración, que si lo que pretende es matarla. Al pobre marido, que ha conocido de cerca y que ha compartido ese pavor de la española por quedarse de nuevo embarazada, y al que ahora acusan desconsideradamente, provocándole un gran dolor, le amenaza, a partir de ese instante, un gran complejo de culpabilidad. Por su mente pasan una tras otra todas las soluciones posibles: desde «hacérsela» cortar, si fuera posible, hasta no volver a tener jamás «relación» con su mujer. Incluso, en momentos de mayor serenidad, comienza a entrever la posibilidad de utilizar la píldora anticonceptiva esa, tan famosa, pero de la que no hay quien le convenza de que no es mortal e inmoral.

Un año después, en vista de que su mujer se pone histérica con sólo oír hablar de la píldora, cuando ya se ha preocupado de leer la cantidad de peligros que anuncian las revistas españolas, en vista también de que él no se «la» ha podido cortar, y en vista de que, pese a su empeño, el pobre es tan débil que tiene alguna «necesidad», acaba haciéndose un experto en el «coitus interruptus», ese deporte nacional de la cama y del control de natalidad.

Lo malo es que la española, nuestra española, que difícilmente había llegado al orgasmo en toda su vida sexual, que tan sensibilizada está con el dolor, que tan decepcionada se encuentra del acto físico de amar, y que sin embargo siente la ausencia de tantas caricias, con esto acaba despidiéndose precozmente de la posibilidad de gozar. Y a partir de ese momento, y en progresión desmedida, su sistema nervioso se altera de tal forma que acaba siendo víctima de una permanente y profunda irritabilidad. Su insatisfacción física y mental tampoco encuentran barreras donde detenerse y el matrimonio se hunde en una situación que los expertos conocen como «crisis conyugal», pero que en verdad, está a punto de tambalear el hogar.

Otro día, nuestra española sufre un duro golpe cuando, al ir a visitar a una antigua amiga, el portero le pide que utilice —por favor— la escalera de servicio. Y ese mismo día, ante el complejo que siente frente a su propia amiga, advierte que algo ha sucedido en su vida, algo devastador, que le ha hecho envejecer muy aprisa y que todos aquellos encantos adolescentes, de los que se sentía dueña tan sólo ayer, han desaparecido para siempre.

Frente al espejo, en su casa, en la más terrible soledad, la joven madre española toma conciencia de su triste y evidente realidad. A partir de esos momentos, refugiándose en todos sus viejos hábitos religiosos, y desempolvando todos sus antiguos valores de espiritualidad, recobra parte de la confianza en sí misma, y comienza una nueva andadura, de cara a la serenidad con que quiere «reinar» dentro de su única fortaleza, en el reducto inviolable de su hogar.

Así, la española desafía su propia sexualidad, castigando con saña algún que otro mal pensamiento y, sólo por clemencia, por amor, por sentido de la tradición y por un sin fin de cosas más, se decide a tolerar en su marido alguna que otra «canita al aire», mientras que él no lo lleve hasta la traición.

—Mis hijos son lo primero —se dice íntimamente, en un arrebato de violencia y de conciencia maternal.

Este es también el momento en que la española se hace el propósito firme de educar bien, y educar a tiempo, a su pobre hija, para que sepa, cuando le llegue, lo que es la vida «y no sufra como yo».

Pero cuando la española piensa en su hija, en cómo prepararla a tiempo para que no se lleve ningún desengaño, no está pensando precisamente en explicarle la importancia que tendrá su sexo en la realización del amor (cosa que ella jamás ha advertido) sino que tiene la necesidad de decirle que no se fie de ningún hombre, que no se deje deslumbrar, que no crea ingenuamente en el amor, que sepa vivir su juventud y que consiga por todos los medios un hombre de fortuna o de porvenir, que pueda liberarla de la mediocridad de vivir, y una cosa más: que no tenga más que un hijo «por saber qué es parir», ya que más de uno la harán sufrir.

Sin advertirlo apenas, nuestra española ha ido acumulando grasa, vistiendo prendas oscuras, prolongando sus abrigos para tres y cuatro temporadas, yendo a la peluquería una vez cada dos años (para asistir a una boda o un entierro) suprimiendo el carmín y la colonia, comprándose camisones largos (que sirvan para el invierno) en los meses de rebajas y... criticando con algunas amigas la indecencia de ciertas jóvenes que llevan las piernas al aire y se besan en las aceras, y que son unas provocadoras, porque las que incitan a los hombres son ellas.

Así es como la española, sin que nadie se lo exija, se excluye de su propia generación, replegándose en una vida anodina y pasiva, en espera de que otra tenga mayor fortuna. Desde entonces, sólo hay dos cosas en su vida que de verdad le procuren una satisfacción verdadera y una relativa alegría: el día en que uno de sus hijos le lleva a casa una Matrícula de Honor y el día en que el marido, con el ahorro de las horas acumuladas en la oficina, le obsequia con una pulsera de oro, en el veinte aniversario de su boda, que era el sueño de su vida. Lo demás sólo son las angustias de los plazos del frigorífico y el lavavajillas, el temor de que los hijos, debajo de sus melenas comiencen a tener extrañas ideas, y la profunda sospecha de que también su marido, en alguna ocasión, la debe engañar.

Antes de que el mayor de los hijos le haya dicho que tiene novia y que se quiere casar, la pobre española sufre unos extraños ataques y sofocos (como unos calores) que ignora a qué se deben y acaba en la consulta del ginecólogo, que le anuncia: «Señora, lo suyo no es más que la menopausia».

Entonces, hasta su sentido de represión se libera, solo que en otro orden. Piensa que ya nada, ni la Iglesia, le obliga a satisfacer al marido, porque a partir de ahora, ella es una mujer sexualmente muerta, sin posibilidades de engendrar, y, por tanto, sin ninguna obligación.

* * *

A una española de bien no se le ocurre jamás pensar que los motivos de su insatisfacción vital, los motivos de su profunda tristeza, de sus alteraciones nerviosas o los motivos de sus tardes vacías, pueden tener su raíz (aproximadamente) en el sexo. Porque la española, por su formación victoriana y tradicional, se ha desprendido de todo interés por el sexo. El valor que pudiera tener se lo concede en tanto en cuanto se lo quiera dar su marido; pero siempre en función de él.

La española suele retener muy bien las palabras ceremoniosas del acto sacramental del matrimonio y entiende que, a partir de ese momento, adquiere una verdadera responsabilidad: la de satisfacer los apetitos sexuales de su marido. Pero a medida que van pasando los días, más bien los años, se le va haciendo la situación mucho más fatigosa. Solamente su desarrollado sentido de la sumisión, solamente su servilismo sexual, es la causa (y la clave) para que, durante generaciones, y hasta hoy mismo, tales inhibiciones no hayan degenerado en drama.

Pero la mujer española, generalmente, está actuando ante el sexo por un puro afán de servicio, como un buen capitán de caballería, como un Pantaleón de Vargas Llosa y su escuadrón de rameras, ganándose siempre la condecoración.

Sin ninguna duda, la culpa (casi toda la culpa) la tiene el español, que ha consentido y alentado esta situación, situación que por otra parte no ha dejado de ser históricamente ventajosa. (Naturalmente, para él.)

A pesar de esta realidad, y aunque parezca incluso una contradicción, podemos decir que la mujer española es, bajo el punto de vista sexual, bajo su pura e intrínseca conformación sexual, una mujer de dieciocho quilates, o de cinco estrellas tal vez.

Eso lo saben bien los extranjeros que tuvieron la astucia o la picardía de venir a conquistar a la española (algunos, claro). Esos extranjeros, europeos o americanos que se casaron (cuando lo hicieron) con españolas de pura cepa. La respuesta sexual que encontraron a sus requerimientos, más bien a su propio comportamiento, fue de una calidad de primera, que unida a los valores tradicionales de la mujer española, al parecer han hecho de ellas (en muchos casos) la esposa ideal.

Hemos podido constatar cómo una española que contrae matrimonio mixto, con francés, alemán, escandinavo, o sajón, desarrolla a lo largo de su vida matrimonial toda una sorprendente y torrencial vitalidad sexual. Difícilmente esa española es víctima de una insatisfacción sexual. Ante una mentalidad no constreñida, como la del ibérico, la misma española acaba realizándose también como ente sexual.

La aseveración, además de triste, es dolorosa para nosotros. Tiene que serlo, necesariamente.

Entonces: ¿ahora va a resultar que es el español el único responsable de ese comportamiento sexual femenino, tan represivo, tímido, inexpresivo, receloso y frustrante que durante años ha manifestado la mujer española?

Ningún español que se precie aceptaría una respuesta afirmativa, tal vez. Sin embargo, hay que señalar que, efectivamente, el español, con su propia conducta sexual, con su pundonoroso sentido de la maternidad, con su cínica aspiración a preservar la feminidad y los «privilegios» de sexo de la mujer española, con su carga tradicional-histórico-puritana ante la esposa, que es la madre de sus hijos, y con esa retaila de cosas que todavía podemos leer en los textos que se han estado publicando sobre la materia, ha sido, verdaderamente, el responsable directo de tantos estados de seudo-frigidez que padece la mujer en nuestro país.

Ha sido tan corta la perspectiva que ha tenido la española para comparar su conducta sexual, que cuando una madre de familia hacía el amor con su marido dos veces por semana, tenía la completa certeza de que era una pervertida, o cuando menos una mujer «de armas tomar».

La exclusión del sexo en la convivencia conyugal, situación larga y prolongada, que alcanza hasta nuestros días, ha sido la causa de que la mujer española sólo aspirase al matrimonio con la intención de formar un hogar estereotipado, de novela rosa, con niños rubios, altos y guapos y el único deseo de compartir las ilusiones, los éxitos y también los fracasos de su marido y que ella, por su parte, no podía nunca tener. Por eso aspiraba siempre a encontrar un marido bueno y honrado. Y esta medida alcanzaba a sólo tres cualidades masculinas fundamentales: que no maltratara a la esposa, que entregara el sueldo en casa y que no se echara a la bebida después. Así, con esas aspiraciones, la mujer española conquistaba para siempre la situación privilegiada de «sus labores», que hasta hace muy poco tiempo, hasta hoy mismo, ha sido motivo de orgullo para toda mujer.

Dos cimas conquistaba la española con su boda, al menos hasta hoy. Una, la emancipación del hogar de sus padres. La otra, la construcción de su propio hogar y la de dar un sentido a sus exquisitas condiciones de entrega y servicio, eligiendo a un hombre al que convertir en «estrella» o «rey» y al que poderle planchar con toda licencia, con todos los honores sociales también, la camisa, el pijama y los calzoncillos.

Generaciones y generaciones de españoles han sentido una cierta repulsa a pensar tan sólo en la posibilidad de que sus madres tuvieran la mínima intención o deseo de encontrar satisfacción sexual con sus maridos (que eran sus padres) aun dentro del más lícito, sincero y legítimo de los matrimonios.

Por eso precisamente, porque el extranjero que se casa con una española no le transmite toda esa carga de tradición histórico-familiar, porque el extranjero no tiene tan desarrollado el sentido esposa-madre-de-sus-hijos, porque el extranjero no concede ya valor a la sumisión, porque distingue perfectamente entre lo que es, lo que fue y lo que hizo su madre, con lo que es, lo que debe ser y lo que debe hacer su esposa, y también porque quiere encontrar el acoplamiento íntimo de los dos, que tiene una base fundamental en su realización sexual, es por lo que la española muestra también un comportamiento absolutamente diferente con él.

Pero, además, la mujer española que contrae matrimonio con un extranjero, al que por el mero hecho de no hablar su idioma, y de conocer cosas de «más allá» de los Pirineos, considera emancipado en todos los aspectos y con una formación liberal, piensa que siempre está ante el riesgo de que el marido, si no encuentra en ella los encantos suficientes y la respuesta sexual que le pide, tiene una opción que no tienen por otra parte los maridos hispanos, y esa opción es la de marcharse y abandonar, sin problemas de conciencia, el hogar. Quizá eso obliga a esta española a permanecer en guardia permanente, cuidando no sólo su comportamiento, sino su propia imagen: su línea, su figura, su sensualidad y hasta la prolongación de sus encantos juveniles.

Pero la española (naturalmente) no ha nacido para casarse con extranjeros; por eso lo más frecuente todavía es que contraiga matrimonio con un español, de León, de Navarra, de Barcelona o Madrid. Y la mujer española siempre ha estado segura de la pervivencia y seguridad de su matrimonio. Lo difícil resultaba siempre llegar al altar, pero después...

Esta ha sido una de las razones fundamentales de que la mujer española se descuidara, inmediatamente después de casarse. El marido estaba conquistado ya. Las artimañas de la doncella, o de la moza casadera, eran juegos de adolescencia y de ansiedad. «En la guerra y en el amor todo está permitido.» Una vez hecha la guerra (y ganada la batalla) y una vez hecho el amor (con una primera e inmediata consecuencia: la fecundación) poco esfuerzo más hacía nuestra española y, por el contrario, entraban en juego a partir de entonces sus grandes dotes de pasividad.

Poco después de la boda, la española perdía toda su finalidad para mostrarse atractiva o simplemente bonita.

—Pero mujer: tú nunca has sido así...

—Yo ya no tengo que conquistar a nadie —responde generalmente la española.

Y la consecuencia de esta conducta (que todavía perdura en una gran mayoría de españolas) era, lógicamente, doble: de una parte, menguaba toda su posibilidad de expresión erótica, y de otra, limitaba también el comportamiento del varón, que se aferraba en consolación a ese dicho popular del «te casaste...» y que venía a hacerle entender que aquello, amigo, ya no tenía remedio.

¿Cómo es realmente la mujer española, desde el punto de vista de su constitución, o de su dotación física y sexual?

Están por hacer aún estudios profundos y con rigor que vengan a responder la pregunta. Sin embargo, aproximadamente, y tratando de completar el retrato-robot que hemos iniciado, podemos decir que la figura típica de la española, desde su interpretación puramente físico-sexual, responde (más o menos) a esta descripción:

Es un ser, generalmente, de cabello negro y largo, de piel blanca y fina, hipersensible al tacto humano (especialmente si proviene de varón desconocido) de un metro y sesenta centímetros de estatura, ojos grandes y pies pequeños, con una constitución tirando más bien a rolliza, de muslo robusto y duro y con poca longitud de la ingle a la rodilla; caderas anchas, algo descolgado el trasero, los senos bien desarrollados (hasta a veces provocar el silbido) y de un índice hormonal alto, es decir, como corresponde a una mujer hipersexual, pero con una profunda atrofia, favorecida por los tabús y prolongada por su propia inactividad sexual.

Ese, digamos, es el cuadro general de la española que ha nacido en este siglo y no después de los años cincuenta.

Pero su imagen, como parte de las costumbres y de las actitudes, está cambiando también.

La española que ahora ronda los veinte años es una mujer mucho más esbelta, que necesariamente ya no es morena, que casi ha conseguido superar la talla media de la mujer europea, de pierna menos llenita y más alargados sus muslos, con el trasero mejor colocado, aunque a veces «picudo», caderas más estrechas y senos disminuidos, con el riesgo de quedar en la mínima expresión. Sin duda, también se dan excepciones, lo que permite todavía ver el tipo de española más tradicional. Su índice hormonal sigue siendo el mismo, pero la atrofia sí que ha disminuido vertiginosamente, ante una cierta alarma general.

Motivo de un trabajo posterior sería el retrato de la mujer española, presentándolo rigurosamente por regiones.

Sólo como un breve apunte, como una anécdota más, que apenas debe concedérsele valor, podemos decir que la española más sexual, la de mayores condiciones, es acaso la gallega. Ella es a la vez la española más dulce, más melosa y con mejores cualidades para encantar.

Sin embargo, la española más activa sexualmente, la más desarrollada, quizá también la que muestra un menor índice de insatisfacciones sexuales, con más facilidad para el acoplamiento, es la catalana y la española del norte, en general, la asturiana, la vasca y la navarra.

La andaluza, pese a que parezca lo contrario, es la española más inhibida sexualmente, junto con la extremeña. Sin embargo, ese temperamento tan ponderado, es, en el fondo, una fuente torrencial de sexualidad, que aún está por descubrir.

La mujer cestellana, la murciana y la valenciana, es la que responde a una imagen más clásica y tradicional de la española-tipo, aunque también existen entre ellas infinitas diferencias regionales. Por ejemplo, poco tiene que ver la alegría y simpatía de la madrileña con la sobria fidelidad de la soriana, como poco tiene que ver la fragilidad de la alicantina con la exuberancia de la murciana.

La mujer aragonesa es, sin duda, de una exquisita belleza y, según a la provincia a que pertenezca, está más cerca de la castellana o la catalana.

Y en cuanto a la mujer insular, también son considerables las diferencias. Mientras que la mujer de Baleares, sexualmente, como en la distancia, está más cerca de la valenciana, con alguna proximidad a las satisfacciones que encuentra la catalana, la mujer canaria conjuga, de alguna manera, el comportamiento meloso de la gallega con la actividad que muestra la del norte de la península. La española que ha nacido en el norte afro-español, tiene una sexualidad más próxima a la andaluza temperamentalmente, pero se muestra tan activa como la propia catalana.

Para terminar este retrato-robot, podemos decir que la española es, por lo general, una de las mujeres que más desarrollado tiene el sentido de su higiene íntima y personal, a pesar de lo difícil que le ha resultado conservar las más elementales reglas higiénicas, ante el desafío de los tabús que durante lustros, han condenado con dureza la propia contemplación del cuerpo y, naturalmente también, la asistencia manual del aparato genital, penado como acto impúdico, que ni siquiera era eximido ante una actividad puramente higiénica o casual.

En cuanto a la capacidad de fecundación de la española, hay que significar que también ocupa un lugar de privilegio en la escala universal. Solamente por la década de los cuarenta a los cincuenta, el índice de natalidad en España era el más alto de Europa, con gran diferencia sobre el resto. Actualmente, el índice ha sufrido un notable descenso, pero pese a ello, seguimos ocupando uno de los lugares más altos de Europa. Los problemas de esterilidad son infinitamente menores en nuestro país que en cualquier otro país del continente. Una española que no controlase su natalidad y que tuviera una vida sexual completa, podría engendrar veinticinco hijos, aproximadamente, a lo largo de su vida fecunda y matrimonial.

Y... por último, el grado de feminidad de la mujer española también es de primera magnitud, sobredestacando que sólo se ha mostrado parcialmente femenina, precisamente por su arraigada pasividad, pero aumentando así los encantos femeninos (como el celtibérico los entiende) a causa también de su excesivo sentido del pudor.

Pero de todo cuanto concierne al excelso pudor, profundo e histórico, de la mujer española, y de los infinitos tabús que ha constreñido su comportamiento sexual, trataremos en el siguiente capítulo.

Pese a este retrato, que es un boceto y un perfil, hay que añadir que la mujer española vive, sexualmente, una honda insatisfacción, que puede comenzar, precisamente en la raíz de su pudor.

El pudor,
baluarte de la española

LAS españolas post-avecrem, las españolas que han nacido en los años posteriores a la conquista de España por la pepsi-cola, las mismas que han ganado definitivamente la «guerra» del pantalón, del bikini y la minifalda, difícilmente podrán entender los motivos por los que se estaba planteando la dura «batalla», ni los términos en que ésta se sostenía.

¡Cómo iban a entenderlo! Ellas no abogaban por nada revolucionario o nuevo, ni querían echar al traste toda una tradición histórica de la mujer española, basada exclusivamente en el pudor. España era el último reducto moral de Europa, la reserva espiritual de Occidente. Ellas, las españolas del tecnicolor y la cultura de la imagen, sólo querían vestir las prendas más modernas que llegaban al mercado y que inundaban los escaparates y estanterías de los grandes almacenes. Sin embargo, ¡a cuántas españolas les ha costado lágrimas una minifalda! Las acusaciones más graves han sido para ellas... durante algún tiempo.

Pero no podían entender que una minifalda, o un bikini, constituyeran una revolución en toda la regla.

Pocos años atrás, esa misma española que se oponía a que su hija saliera a la calle con esa indecente prenda que es la minifalda, había sufrido también los ataques de una primera artillería de la generación precedente. Lo que ocurre es que los acontecimientos, en materia de sexo y pudor, se han sucedido en España vertiginosamente.

Porque están muy recientes los años en que una mujer española que se cortaba el pelo, corría el riesgo de ser mal interpretada, abordada en la calle, como si fuera una «fresca» y, por supuesto, recibir el responso familiar, con la consiguiente negación de todo saludo.

—Esa ya no es mi hija —decía el padre, todo indignado, refiriéndose a la desvergonzada que se había atrevido a volver a casa con el pelo cortado.

Una mujer decente tenía que llevar su moño. No tenía derecho a soltarse su pelo y era también de desvergonzadas asomarse a la ventana, como una coqueta cualquiera mesándose con el peine los cabellos.

El vecindario era siempre tajante y cruel en sus juicios:

—Parece una mujer de la vida.

Y se estaban refiriendo a la madre de familia que, por influencias de una prima que venía de Francia, y porque en el fondo el pelo largo la estorbaba, había tenido el atrevimiento de quitarse el moño y haberse ido a que la hicieran una permanente, que era lo que a partir de entonces se estilaría.

El mayor castigo que podía recibir una mujer era precisamente que le cortaran el pelo. Y cortaban el pelo a las prostitutas. Y cortaban el pelo a aquellas pobres señoras, castas, reprimidas y amas de casa, que se dedicaban al estraperlo, contraviniendo todas las leyes de una época de penuria.

Sin duda, el pelo era todo un símbolo erótico en la española. Una mujer se mostraba ya seducida en el momento mismo en que permitía que el varón tocara sus cabellos, y traspasaba todas las metas de la sexualidad en el instante en que aparecía ante el varón con su melena suelta, sobre los hombros. Ya se sabe lo que significa en España soltarse el pelo...

A las monjitas, naturalmente, les cortaban el pelo a su llegada al convento: toda una muestra de castidad, humildad y prudencia.

Pues bien: esas dos generaciones de españolas se enzarzaron en una larga disputa por culpa de la minifalda. Y antes, fueron los pantalones.

La mayor indecencia que se vio en cualquiera de los pueblos de Castilla, de Levante o de Andalucía, traspasados ya los años cuarenta, era una española con pantalones. Las extranjeras eran otra cosa. Las extranjeras eran licenciosas y libertinas, iban provocando a los hombres y tenían relaciones sexuales a cualquier hora del día. Y, además, hasta obtenían su propio placer en las relaciones amorosas.

Durante mucho tiempo, las conversaciones femeninas en España giraron en torno a este tema. Lo que significaba el uso de los pantalones y la absoluta y descarada insolencia de la mujer extranjera, irresistible para cualquier ibérico, sobre todo en aquellas fechas.

Comenzaron a usar los pantalones, a riesgo de ser también confundidas y asediadas por las propuestas innobles de algunos celtibéricos, las españolas que subían en moto y las adolescentes e irreconocidas sufragistas de los derechos laborales que los inviernos se levantaban a las seis de la mañana para acudir a las fábricas.

Hasta que, por fin, se impusieron los pantalones y no parece sino que hoy la mujer más casta es la que todo lo cubre con sus pantalones, porque así jamás deja ver sus rodillas al típico mirón español.

Antes que los pantalones estuvo muy en entredicho también el largo de la falda. Ya no vamos a referirnos al polisón de las abuelas, ni a la indecencia aquella de asomar el tobillo, para que los hombres se cautivaran. También pertenece a nuestro siglo, no obstante; pero acontecimientos posteriores, de otra monta, casi nos lo vienen a excluir.

La guerra del bikini fue más cruenta, si cabe, que la de los pantalones. Al bikini sí que se opuso con todas sus fuerzas esa gran mayoría silenciosa de las mujeres españolas. El bikini era ya el colmo de toda indecencia. Salieron a relucir todas las madres de los personajes célebres de nuestra Historia, salieron a relucir todos los siglos de una educación victoriana y casta, exclusivamente «para señoritas», que iban a ser triturados por el potro de la moda. Naturalmente, también salió a relucir Agustina de Aragón y muchos movimientos feministas se abanderaron bajo su imagen. Hubieran prendido la mecha de todos los cañones del mundo, si esa hubiera sido la clave para dar fin a la invasión del bikini. Y a la ola de indecencia que nos amenazaba.

Era, sin duda, la mayor ofensa al pudor de la mujer española que podía hacerse. En sólo semanas, súbitamente, la española que había escondido sus tobillos, que había cubierto siempre su escote, cuando no con tela con un abanico, que había guardado su pelo recogido en un moño, que todo el mundo ignoraba la forma de sus ombligos, veía con sorpresa cómo unas precoces niñas burguesas, que además habían heredado una *sociedad opulenta,* rompían con todas las reglas del pudor y la castidad nacional, para mostrar sus muslos al aire, por las playas, insinuando sus senos y dejando a la vista de todos el ombligo (redondo) y las cinturas cimbreantes.

Se hablaba entonces de mentes enfermas, malévolas y depravadas, que estaban atentando, estrangulando, esa histórica, tradicional y bien conservada moral española.

Todo estaba surgiendo espontáneamente, como un intento inconsciente del acoplamiento de España al ritmo de Europa. Y todo se sucedía con extraordinaria velocidad. Inmediatamente después, la campaña de la que tuvo que ocuparse toda la prensa nacional fue la de la minifalda. El descaro de la minifalda, en opinión de la española pudorosa y casta, era infinitamente mayor que el del propio bikini. Porque al fin y al cabo, el bikini, sólo podía lucirse durante el verano y en las playas...

Algo ocurrió entonces que, cuando la española de la última generación aún no había tenido ocasión de mostrar con generosidad sus minifaldas, la moda nos sorprendió con otra nueva aportación, que venía a resolver, de alguna forma, el problema planteado a la mujer española y a compensar, también de alguna manera, a tantas voces femeninas como se habían lanzado en contra de la minifalda. Nació entonces, para consuelo de muchas, la maxifalda.

—Bueno, esto ya es otra cosa. Una «maxi» te la puedes poner cuando tú quieras —decían ahora las madres a sus hijas, concediéndolas el derecho de ir a la moda.

Y hasta incluso, como una concesión más por la victoria, se permitía una ligera abertura (en la tela) mientras fuera discreta y no subiera de la rodilla.

Pero todo esto puede estar llevando al lector a pensar que estamos tratando de decir que dos generaciones de españolas se han enfrentado ante un tema tan trascendental como el pudor, y que una de ellas ha perdido su pudor clásico, tradicional e histórico. Pues no. No ha sido así.

* * *

El pudor de la española es algo que apenas tiene nada que ver ni con el vestido ni con las modas. Efectivamente, la última generación de españolas no ha podido resistirse a la dictadura de la moda y ha venido aceptando, como algo natural, todas las innovaciones que llegaban de fuera. De esta manera, la nueva española puede ya competir, en casi todos los campos de la belleza y la elegancia, con la mujer extranjera.

Sin embargo, el pudor de la española es más intrínseco, más hondo, tiene un mayor arraigo en la mente, en la actitud y en la conducta de nuestras mujeres. Y frente a ese baluarte nacional, por supuesto, no pueden luchar las modas.

La moda ha impuesto otras cosas: por ejemplo, el uso del sujetador y de la braga. La española de ayer no conocía ninguna de estas dos prendas; sin embargo, a la hora de irse a la cama, tenía que comenzar a quitarse refajo tras refajo, hasta quedarse en camiseta, lo que ya era una frivolidad condenable.

La enagua es relativamente otra de las prendas modernas. Posteriormente se convirtió en combinación. Y las había muy bonitas, con su puntilla de seda fina. Otro día, la española desechó la combinación como una prenda inocua. Hoy, la española más moderna también está desechando el sujetador, o convirtiéndolo, a lo sumo, en dos cintas que sostienen las dos «gracias» con que ha sido dotada. Sin embargo, lo que no parece que haga (todavía) es suprimir la braga, prenda que sin embargo no usaron muchas de nuestras abuelas, castas y decorosas, en el corazón de Extremadura o de Castilla.

El pudor de la española es otra cosa. Y es algo de lo que, por supuesto, no se ha desprendido la española de esta última generación.

La española, todavía, como ha hecho siempre, cuando sube en el autobús y se apercibe de que alguna mirada masculina se desliza sobre ella, instintivamente siente la necesidad de mirarse el escote y comprobar que no se le ha desabrochado ningún botón de su blusa. Cuando se sienta en el metro, o también en el autobús, lo primero que hace, instintivamente, es colocar su bolso, sus libros, sus paquetes o su abrigo, sobre las rodillas. No importa que la falda que lleve sea tan corta como su picardía. Ella, tan pronto advierte o sospecha la mirada de cualquier curioso, allá está todo el tiempo, estira que te estira la falda, aunque llegue a resultar inútil y también estúpido.

Difícilmente cae la española en esos arrebatos de histeria, o de neurastenia, que la obligan a exhibirse desnuda por algún punto de la ciudad, cosa que es bien frecuente en cualquier país lejos de España. Cuando en Madrid o Barcelona ocurre, la protagonista es una extranjera siempre.

La moda del *streaking* no tuvo, naturalmente, el eco que en otros países, donde cada diez minutos aparecía una chica o un grupo, corriendo a toda marcha, y en cueros vivos, tapándose a lo sumo la cara, pero no el sexo. Las escasas manifestaciones que se vieron en España eran producto del mimetismo y de desafíos adolescentes, que muy pronto quedaron en nada.

Quizá también haya que apuntar que el propio pudor de la mujer española está por encima de ella, la sobrepasa. Porque de alguna forma se la ha estado imponiendo... constantemente.

Todavía en el año setenta (en 1970), y en Zaragoza, la tierra de la gran Agustina, un grupo de muchachas fue expulsado de un club femenino por haber acudido en bikini a la piscina. Las muchachas, al parecer, se escondían de las personas que lo dirigían;

pero al cabo de unos días recibieron en sus casas las fotografías hechas por alguien furtivamente y el comunicado de la directiva de que, a partir de esa fecha, debían considerarse expulsadas.

Después de los años cuarenta, y hasta fechas muy recientes, las playas eran objeto de una férrea vigilancia y estaba penado con multa, e incluso con arresto menor, el aparecer impúdicamente junto al agua. Lo impúdico podía ser cualquier cosa, porque aún no se había «descubierto» el «dos piezas» en España.

Todavía, en las capitales españolas, existen clubs y piscinas donde está prohibido que los matrimonios se bañen juntos, de la misma manera que hay piscinas exclusivamente para señoras y otras exclusivamente para caballeros. Las españolas, naturalmente, preservan así también su pudor, y una gran mayoría se siente en ellas más a gusto que en una piscina mixta. Muchas de las españolas más modernas, de las más jovencitas, de las llamadas «minifalderas», frecuentan estas piscinas.

Pero donde las españolas desarrollaban todo su sentido del pudor era realmente en su propia casa.

Porque los padres y los hermanos (a veces, los hermanos españoles, más exigentes y conservadores que los padres) herían constantemente la sensibilidad de las jóvenes españolas, acusándolas de frescas y de ligeras cuando a cualquiera de ellas se le ocurría cruzar el pasillo en combinación en busca, por ejemplo, de una horquilla.

Los hermanos españoles, que iban a pasárselo «bomba» con su pandilla o con una chica, si veían a la hermana de la mano de «alguien», o si estaba de conversación con sus propios amigos, se investían de todos los poderes y soltaban un sopapo a la infeliz española, sin más explicaciones, y así germinaron tantos odios inconscientes y fraternales en años que están muy cerca.

* * *

El sentido del pudor podía llegar a tanto, que una española se ahogaba en sus propias lágrimas, desconsoladamente, si alguien, equivocadamente, entraba en su habitación en el momento en que se estaba poniendo las medias. ¡La habían visto semidesnuda!

De alguna manera, todavía se conservan estas costumbres en nuestras familias, lo cual sostiene, sin duda, el sentido del pudor en la mujer española.

Hay una generación de jóvenes madres de familia que están planteándose ahora si es más o menos conveniente mostrarse sin pudor ante sus hijos pequeños, con el fin de que se acostumbren al cuerpo y a la constitución de la pareja. Pero, a pesar de que los expertos teoricen sobre el tema, será muy difícil conseguir que la española adquiera estos hábitos de pedagogía, que atentan contra lo más íntimo de su concepción femenina y eminentemente *española:* el pudor.

El sentido del pudor ha sido también el que ha hecho que, durante mucho tiempo, la española, cuando viajaba en un transporte público, fuera lo que se llama «bien armada».

La española salía de su casa temerosa siempre de que cualquiera atentase contra sus encantos femeninos o, de una forma más profunda, contra su propia dignidad y su propia honra.

Efectivamente, la educación del español, entonces (y no hace mucho) era otra. De modo que era frecuente que la española, al subir al «Metro», especialmente en horas punta, de verdadera avalancha humana, sostuviera entre sus manos, bien preparado, un alfiler largo, duro y de buena punta.

Inesperadamente, en uno de estos momentos largos de silencio multitudinario, con sólo el rumor y el traginar de los vagones por la vía, se escuchaba un alarido sordo y contenido de un señor que había recibido un buen pinchazo en las piernas o en su parte trasera. Todo el mundo volvía su mirada hacia el lugar donde había nacido el grito de dolor contenido y se producían todas las reacciones posibles, desde la ira hasta la risa más desbordante. La española, muy segura de sí misma, volvía a ponerse en guardia, con el alfiler escondido, a la espera de que otro «listo» quisiera atentar contra su pudor más íntimo, dejando la mano tonta.

Las españolas de hoy ya no necesitan llevar alfileres en las manos para preservarse de nada. Sin embargo, sí podemos observar cómo una española, cuando entra al cine sola o acompañada por una amiga, si le corresponde una butaca que está ocupada por un caballero solitario, comienza a ponerse nerviosa, inquieta, moviendo constantemente sus brazos y sus piernas, mirando de soslayo hacia la izquierda o la derecha (según esté situado) colocando y descolocando el abrigo, con unas ansias tremendas de que la proyección termine.

Pero donde realmente se puede ser consciente de la medida del pudor de la española, es en una consulta médica.

Una escena muy frecuente es la de la señora que acude al médico con una determinada dolencia, acompañada de su marido. Después de explicar los síntomas que tiene, el médico la dice:

—Quítese esa ropa y déjese algo ligero.

La española se quita el abrigo, que duda entre dejar en una silla o dárselo al marido, y no sabe qué hacer.

El médico, que la mira, vuelve a decirle:

—¡Quítese más, quítese más, mujer!

Y la española, alterada y con los colores en la cara, se desprende tímidamente de la camisa. El médico le aplica el estetoscopio como puede, pero necesita un examen más concienzudo.

—Túmbese ahí y descubra el pecho.

—¿Cómo?

—Sí, que se descubra totalmente el pecho, que tengo que mirarle bien, si quiere que acertemos.

—¿Y me quito todo, doctor? —pregunta la española—. Pues va a verme usted como nunca me ha visto éste.

«Este», naturalmente, es el marido, que presencia en absoluto silencio y con extrañas sensaciones la escena.

Y la escena responde absolutamente al comportamiento general de la española. En la consulta del ginecólogo, todavía son más difíciles las situaciones, sobre todo cuando se trata de una primera visita, a la que siempre acude la madre como vigilante experta.

Por el contrario, también se suceden en ocasiones escenas radicalmente opuestas. Hay un tipo de española, que —entre las casadas responde a los cánones de la insatisfacción sexual, y, entre las solteras a las que han traspasado cierta edad—, que en un momento determinado puede insinuarse al médico o mostrar con deleite y satisfacción sus formas, buscando la respuesta masculina.

Pero, generalmente, el comportamiento de la española corresponde a lo anterior. «Este» (el marido) jamás ha visto a su esposa enteramente desnuda. Incluso a veces, con el paso de los años, ha ido perdiendo toda esperanza y, posteriormente, todo interés.

Ese pudor femenino español, tan arraigado, ha impedido que el acto del amor conyugal se realizara plenamente y en condiciones favorables para ambos. La mujer española, que escasamente conoce su cuerpo, que ha sentido el peso de toda su educación represiva y que jamás se ha visto ella misma desnuda, frente al espejo, no va a permitir que un hombre, aunque sea su marido, la vea ahora desnuda. Lo más frecuente ha sido que la española hiciera el amor con su marido con el camisón puesto y con la luz apagada.

Pero aquí sí que se ha producido una verdadera evolución en el comportamiento de la mujer española.

Las parejas más jóvenes entienden que el acto de entrega que exige el amor reúne condiciones suficientes como para romper los viejos y tradicionales pudores. No obstante, la lucha que sostiene la española todavía ante el recuerdo y la pervivencia de tradiciones que traspasan el tiempo, es importante y, no siempre, está capacitada para superarlas. A pesar del cambio manifiesto del que tenemos que dar testimonio, hay españolas recién casadas, o jóvenes madres, que se niegan a ser contempladas (no sólo contempladas, sino ligeramente vistas) por sus esposos, a pesar de la garantía del tálamo nupcial, a pesar de las honestas relaciones que permite y alienta un matrimonio en toda regla, como es el matrimonio «a la española».

Por ende, el español sigue de alguna forma alimentando el pudor femenino y yugulándolo cuando alcanza una mínima expresión o un deseo tímido y frágil.

También es frecuente que cuando una española de hoy, con intención de agradar, se acicala y se embellece para una fiesta, le diga el marido severamente:

—¿Así vas a ir? ¡Quítate eso ahora mismo!

Y cuando no ocurre así, cuando la española no se excede en su coquetería pero accidentalmente se le abre el escote y, levemente, insinúa el nacimiento de sus dos encantos, entonces el marido, con gesto agrio y siempre ofendido, evitando la mirada, dice:

—Tápate eso.

Y la española va y, sumisamente, se lo tapa.

Un pueblo de inhibidas y reprimidas

No es preciso que aquí descubramos nada nuevo: todo el munúdo es consicente de que la educación sexual en nuestro país ha sido (y es todavía) absolutamente nula.

La educación sexual no se puede reducir a la simple mentalización de los padres para que en un momento determinado de la vida del niño, el padre o la madre, ante el misterio del nacimiento, puedan explicarle la maravillosa teoría del polen de las flores. Porque todas las madres españolas saben que los niños (los de ahora, por lo menos) no se conforman con eso.

De pronto, un niño pregunta a la española:

—¿Y qué es un marica, mamá?

Y la pobre española ahí se las ve y se las desea tratando de explicar a su hijo de seis años los secretos de la homosexualidad. Entonces, ingenuamente, va y le dice:

—Pues un marica... es un señor al que le gustan las flores y los pajaritos..., y...

Y el pequeño, que no es que sepa mucho, pero que va teniendo conciencia de algunas realidades, contesta:

—Entonces yo soy un marica, mamá, porque me gustan las flores y los pajaritos. ¡Eso no es un marica!

Y se va.

Otra cuestión más sin resolver..., que así se queda.

Pero la española, naturalmente, no puede adquirir de súbito

toda la sabiduría del mundo en materia de sexo para resolver el problema de la educación sexual de sus hijos.

La mujer española arrastra tras de sí toda la historia de un pueblo cargado de inhibiciones y represiones. Toda la educación que ha recibido la española (incluida la última generación) ha sido de la misma índole: la sexualidad ha estado considerada siempre como algo sucio, mezquino y que rebaja a la mujer, especialmente.

Y los resultados de su comportamiento han sido totalmente coherentes con esa educación rigurosa y exigente.

Otro ginecólogo español, que se ha ocupado en temas de educación sexual, el doctor Sopeña Ibáñez, tiene escrito:

Podemos resumir la moral burguesa enjuiciándola como ignorante, represiva, hipócrita *y* fomentadora del vicio. *Quizá se creerá demasiado duro este enjuiciamiento, pero es necesario denunciar a esta sociedad tradicional para tomar conciencia de su culpabilidad.*

La mujer española es consciente todavía de que no debe tener pasiones. A medida que avanzaba en edad iba entendiéndolo más profundamente. Primero estaba aquel «tralarala» que recoge Umbral, cuando en el colegio de monjas cantaban los diez mandamientos y, por imperativos del orden, llegaban al Sexto. «El Sexto... tralarala». Después estaba, siempre frente a la niña española, la imagen asexuada de la madre y la constante amenaza del padre, con la mano levantada.

—Con los chicos no hay cuidado, pero con las chicas...

Naturalmente, con las chicas no se podía ser ni piadoso ni indulgente. Y la española crecía con el convencimiento de que el sexo, como el Sexto, no existía. Sólo las cochinas tienen sexo..., realmente. Eso es lo que ha sostenido durante años la mujer en España.

Y esto es lo que justifica este libro, y otros tantos, que aparezcan con esta misma intencionalidad: la llamada o el alerta a la sociedad tradicional y represiva, causante de tantas insatisfacciones femeninas, de tantas infidelidades conyugales, de tantos desastres familiares... Porque no se trata de sobrevalorar el sexo, o la pura convivencia sexual, en el matrimonio, sino de concederle su justo valor, su innegable importancia.

Oswalt Kolle afirma que «solamente un estúpido pretendería decir que el sexo no es una parte fundamental en el matrimonio».

Siendo totalmente justos, hay que reconocer también que, dentro de esta sociedad que tantas inhibiciones y represiones ha alimentado, las mujeres casaderas encontraban siempre el apoyo moral de un libro «para jovencitas», donde se venían a exponer, entre vino dulce y rosquillas, los secretos que debía conocer toda futura esposa, precisamente días antes de su boda.

La española ha aprendido y asimilado, efectivamente, muy bien semejante lecturas, que no son censurables desde estas líneas, pero que ayudaban a agigantar la pasividad sexual de las españolas de cara a su inmediato matrimonio, matrimonio que iba a ser para toda la vida, que iba a estar expuesto a todos los riesgos de la autodestrucción y que, paradójicamente, intentaban salvaguardarle con tales consejos.

Podría hacerse perfectamente una gran antología con los textos más sabrosos de los publicados en España sobre esta materia en los últimos treinta años. Pero nuestro objetivo está siendo otro. Por eso, y sólo como muestra breve, citamos uno de los textos, de ningún modo seleccionado, sino extraído casi al azar, donde queda bien patente *lo que debe hacer toda mujer casada.* El libro es obra de un médico y está editado en 1959. Recoge una cita de Bernardino de Saint-Pierre y dice textualmente:

«La castidad de las vírgenes consiste en vivir en completa continencia, sin haber sido nunca casadas; la de las viudas, en guardar continencia durante la viudez, y la de las casadas, en vivir santamente en el matrimonio, usando de él como prescriben las leyes de Dios y de la Naturaleza, *sin dejarse dominar nunca por la pasión.*»

Quizá la acumulación de tantas represiones ha sido también la causa de tantos tópicos sobre la conducta o el comportamiento de la mujer española.

Ya se saben los dichos populares recogidos hasta en canciones: «La española, cuando besa, es que besa de verdad.» Y ese otro menos parafraseado, que habla de que, «cuando la española se destapa..., puede superar a todas». Y, sin embargo, nada de ello parece tener asentamiento real.

Tal vez estas mismas represiones son la causa y el motivo de que persistan ciertas fiestas populares, como la que se celebra en un pueblecito de Cuenca, donde las «mayas», que son las solteras que participan en las fiestas del mes de mayo, son subastadas entre los jóvenes. Las fiestas, según parece, son ciertamente divertidas. La subasta puede comenzar siendo simbólica, o a través del «pique» clásico del español, convertirse en real. La chica que sale a subasta tiene que ser, naturalmente, alzada con un tanto de su pretendiente. Generalmente, la española de este pueblo, y de muchos otros, conecta así con el que luego será su marido. En ocasiones, el que ofrece la puja más alta puede «quitar» la chica a algún otro mocete que ya la cortejaba anteriormente. Y el honor entra por medio. A veces, hasta la chica sorteada siente una peculiar obligación con quien tanto pujaba por ella.

También las represiones han sido causa de que en otros pueblos de España se establecieran fiestas anuales en las que la mujer se convertía en «la reina» por un día, en la alcaldesa, como en el pueblo segoviano de Zamarramala, con aspiraciones a protagonista. Realmente es el deseo contenido de la mujer española por tener alguna capacidad ejecutiva, decisiva o activa. Otro personaje popular que, de alguna manera, se ha prodigado en los pueblos españoles, como contrapunto de represiones, ha sido la mujer «violante». En cada pueblo de España se cuenta la historia de una mujer violante, ya se sabe, alguien que, desafiando las reglas sociales, la rigurosa tradición de la pasividad femenina, se lanzó al monte y conquistó a algún apuesto o tonto mancebo, alcanzando así la fama y la impopularidad para siempre.

El viejo de Pío Baroja, viejo verde para muchos, desde esa atalaya de los años más represivos, describía así la actividad erótica de una capital muy típica:

El despertar de la pubertad en una de nuestras capitales levíticas era algo muy grave... La sensualidad en la capital de provincia, un tanto clerical, vibraba en el ambiente; se oían historias eróticas terribles y se creía el mundo más sucio, más libidinoso de lo que en realidad era... Había allí como una atmósfera de cantárida; lo que hablaban los amigos, lo que se murmuraba y se veía en la calle, las mismas conversaciones de las criadas, contribuían al ambiente de erotismo... La iniciación de la vida erótica resultaba repulsiva y triste... Pamplona era como un gallinero, donde el fuerte, el grande y el audaz vencían...

Después, completando el cuadro, termina: *... Pienso que esta obsesión del erotismo nunca se hubiera producido sin la exageradísima represión de que fue objeto... A los de nuestra generación, la moral de este tiempo nos estropeó la vida...*

Pensaba, ingenuamente, el viejo don Pío, que sólo su generación era víctima de las represiones...

De tarde en tarde, también se ha dado entre las españolas de ayer, y especialmente entre las de hoy, un comportamiento diferente, hasta incluso desafiante.

En medio de una situación social ya mediatizada, siempre ha descollado una determinada mujer que, sin poder remediarlo ni ocultarlo, mostraba una especial alegría en su cuerpo, en todo su comportamiento, en todos sus ademanes. Era la española realizada sexualmente, que había sabido desprenderse de los muchos tabús envolventes y que había liberado su sexo en un acoplamiento ideal con su pareja.

Irremediablemente, esta española se convertía en el objetivo de todos los comentarios del vecindario o del núcleo social donde habitase: era una mujer odiada y envidiada, pero, a la vez, supravalorada, que arrancaba siempre cuchicheos despreciables:

—Mírala cómo va; cualquiera diría que es una mujer casada...

—Esa va de conquista, tonta.

—Sí, el pobre marido...

Todo esto no hace más que reafirmar la teoría de que la mujer española, en general, ha despreciado el sexo y lo ha criticado vigorosamente. Su moral era de abstinencia. Es, aún, de abstinencia. Marañón habla del sentido de culpabilidad histórica de la mujer como uno de los impedimentos para que la española conquiste el orgasmo.

En sus *Ensayos para la vida sexual,* dice: *La mujer fue la causa del pecado originario y el motivo permanente de la caída del hombre en la tentación.*

Y, junto a su justificación, ofrece también una cita de San Ambrosio, que corrobora esto mismo: *Puesto que la mujer condujo al hombre al pecado, es justo que reciba al hombre como la esclava al soberano.*

Mucho es de temer que las palabras de San Ambrosio se hayan prolongado en exceso en todo el mundo, y más en este país nuestro, durante tantos siglos, y con un sentido riguroso y estricto. ¿Debe acaso seguir la mujer condenada a la esclavitud permanente?...

Lo que parece irreversible es la tristeza real en la que ha vivido la española, lejos de toda sensualidad, absolutamente negada ante toda posibilidad romántica, descubriendo —inmediatamente después de casarse— la amargura de la convivencia con un hombre al que no siempre ama y sintiendo frustrados todos sus deseos de realización sexual y humana.

Afortunadamente, la española de hoy ha transformado los cánones del amor y del compromiso matrimonial. Ya, la española de nuestro tiempo no siempre busca «un marido honrado, bueno y trabajador», exclusivamente, para casarse. Ahora, la española exige algo más. Y tiene en cuenta su posible acoplamiento con el hombre a quien elige. Y da prioridad a otras cualidades, como el grado de inteligencia o como sus dotes para hacer compartir una vida de realidades.

«Deme Dios marido rico, aunque sea un poco borrico», es algo más que un refrán popular. Es..., ha sido, el anhelo de la mujer española durante muchos años.

Hasta entonces, lo más frecuente en cualquier pueblo o capital de provincia de España era que la madre, un día, a lo mejor un domingo, a la salida de misa y mientras guardaba el velo en la vieja coqueta, prendido con un alfiler, le dijera a su hija casadera, sin saber muy bien cómo abordar el tema:

—Ya he visto cómo te mira Anastasio desde hace tiempo. Debes arreglarte con él y casarte: es un buen hombre.

A lo mejor, la española, que era todavía demasiado ingenua, o que no había conocido ningún desengaño amoroso, o, incluso, que se sentía tentada por el todavía desconocido sufragio femenino, hasta era capaz de decir:

—Es que a mí Anastasio no me gusta, madre. A mí quien me hace «tilín» es Roque.

—¡Ese es un muerto de hambre! Te arreglarás con Anastasio, porque es el hombre que te interesa.

Y si la chica se ponía todavía testaruda como una borrica y decía que no, la madre, sin más contemplaciones, le soltaba una bofetada y terminaba así la discusión:

—Bueno, pues te casarás con Anastasio quieras o no quieras. O... ¿es que te crees que acaso yo quería a tu padre cuando me casé con él?

Esto era lo frecuente. Aunque también es posible que lo fuera en algún otro lugar del globo, porque algo semejante cita un autor americano hablando del noviazgo tradicional; ¡pero cuántas españolas de Lérida o Teruel, de Toledo o de Valencia, de Logroño, Guadalajara o Jaén no se acuerdan todavía de aquella bofetada!... Ya no. Las cosas han cambiado absolutamente. La española de hoy se siente dispuesta y capacitada para imponer su criterio, para imponer su elección. Eso es lo que ha ganado.

Y a la vez, esa misma inhibición característica de la mujer española es la que impedía, en ocasiones, que la mujer acoplara su desarrollo sexual a sus propias necesidades físicas o naturales. Los matrimonios eran tardíos, aunque las causas fueran muy diversas.

Además, toda esa moral predominante en el país se encontraba ante situaciones sin salida, que podían llegar a la ridiculez. El ejemplo es muy claro:

Infinidad de españolas en edad de casar, por encima de los veinticinco y los veintiocho años, escuchaban el mismo consejo al pie de los confesionarios:

—Mira, hija; cásate para no pecar.

Eso era en los confesionarios, naturalmente. Pero en las consultas de los médicos la situación para la jovencita española no era muy diferente.

Cuando la madre, preocupada en extremo por la salud de su hija, por sus intensas depresiones, sus dolencias inlocalizables, sus alteraciones nerviosas, sus angustias, sus temores, sus desvelos nocturnos, sus dolores menstruales o sus propias y estúpidas idioteces, acudía con ella al médico y le exponía con todo lujo de detalles la amplia sintomatología que la moza padecía, el médico, muy de vuelta de la vida ya, pero sin tener que ofrecer otro remedio, decía siempre:

—Señora, lo que su hija necesita es un buen novio que quiera casarse pronto.

En circunstancias semejantes ha sido cuando las madres españolas han pagado algún desplazamiento de la hija a la costa, o han acudido al socorro de la familia cercana que vivía en la capital, para así poder facilitar el que «la niña» encontrara novio, porque era lo que terminaría con todos sus males.

Lógicamente, la española, ante tal situación, se sentía absolutamente incapacitada e impotente. No sabía lo que podía hacer y la necesidad apremiante de resolverlo la entristecía, ante la preocupación y el disgusto de toda la familia.

Para muchas españolas hubiera sido una gran solución que nuestra sociedad hubiera girado radicalmente, hasta implantar un sistema semejante al que prevalece en la isla de Bali, en Asia. Allí, si la mujer pone la zancadilla a un hombre, éste está obligado a tener relaciones con ella. Nada más fácil.

Pero la mentalidad española estaba muy lejos de aceptar algo semejante.

Ira L. Reiss, en un importante libro sobre la sexualidad racional, dice que, *si bien en los últimos veinte o veinticinco años han cambiado considerablemente las actitudes sexuales, no han cambiado muchas áreas del comportamiento sexual, tales como la proposición del coito premarital.*

Su punto de vista es perfecto y se corresponde magistralmente con la evolución del comportamiento sexual de la mujer española. Efectivamente, mientras que, como ya hemos dicho, la última generación de españolas ha variado su actitud sexual, no por eso ha dado un paso más importante en su comportamiento.

Esta aseveración viene a puntualizar que la mujer española de hoy, aunque ha tratado de liberarse de tantas represiones e inhibiciones como arrastraba, aunque ha querido despojarse de tabús ancestrales, sólo en parte lo ha conseguido. Hoy, la española está concienciada, quizá, con otra realidad sexual, con su propia realidad sexual; pero no por eso ha podido resolver su problema de educación sexual ni, por tanto, ha podido corregir o adecuar su comportamiento. Tan rápidamente como se la pide, no puede olvidarse la española de años y años de una educación como la que ha heredado y recibido.

Por supuesto que hoy la mujer española está más predispuesta al coito prematrimonial, pero no en la medida en que algunos sospechan. Sí puede apuntarse, sin embargo, que la española de los próximos quince años mostrará posiblemente un comportamiento muy diferente. Lo decían las jóvenes universitarias y otras trabajadoras con quienes sosteníamos este coloquio.

—Nosotros tenemos ahora veintiún años; pues estamos más cerca de nuestras madres de cuarenta y tantos que nuestras hermanas de quince años lo están de nosotras. Para ellas el sexo sí que no tiene ninguna importancia. Es más: muestran un imperioso deseo de alcanzar otra edad en la que poder sostener relaciones.

Pero el tema de la virginidad no vamos a tratarlo aquí, puesto que corresponde a otro capítulo de este libro.

* * *

Las inhibiciones de la mujer española tienen otra repercusión aún más directa en la salud del matrimonio.

Entre las causas que más favorecen la desunión conyugal y que fomentan la crisis del matrimonio, una es precisamente la falta de ritmo sexual, la falta de acoplamiento.

Un experto matrimonialista, Carlos Magaz, analizando algunas de las razones de la crisis del matrimonio español, nos lo ratificaba, con múltiples razonamientos.

Pero son precisamente los ginecólogos quienes obtienen, cada día, declaraciones directas de las parejas en crisis, por falta de una vida sexual competente y armónica.

En nuestro país, el comportamiento reprimido de la española ha sido causa de una limitación exigente e inadecuada del acto matrimonial. La española típica media, que estamos retratando, que no ha conocido la sexualidad, que no ha sido educada para que sepa conceder al acto de amor su valor intrínseco, que sigue actuando como un ente puramente servil durante todos los años de su matrimonio, ha llegado a establecer, en ocasiones, y muy generalmente, un tope máximo de uno o dos coitos al mes, cuando no menos.

Todavía, en las consultas médicas, hay españolas que, ante las explicaciones del ginecólogo, preguntan sorprendidas:

—¡Ah! ¿Pero es que se puede hacer más veces, doctor?

Los errores que ha sostenido la mujer española y que, pese a ciertas apariencias, sigue sosteniendo, son de este calibre.

No se le podía pedir mayor «servicio» a esta mujer española, sacrificada, fervorosa, casta y madre de familia, cuando estaba convencida de que el coito era sólo un placer de hombres y una obligación sagrada, impuesta por el mandato bíblico de la procreación de los hijos.

Por este íntimo comportamiento, precisamente, la mujer española ha tolerado, de alguna manera, la infidelidad del marido. Esta beligerancia ha sido algo muy típico.

Una «cana al aire» la echaba cualquiera. Pero hasta incluso se daba una extraña satisfacción femenina por el hecho de que su marido tuviera éxito con las mujeres y... «quién sabe —decía orgullosa— si no tendrá por ahí algo».

Esta tolerancia tan característica de nuestras mujeres sí que se ha resentido. Hoy, al menos, la mujer española desafía al marido cuando tiene la mínima sospecha de que ha podido ser engañada. La amenaza siempre tiene este mismo tono:

—Si tú te vas por ahí, yo también puedo hacerlo.

Sin embargo, está muy lejos de su comportamiento real, pese a la firmeza de su dicho, la posibilidad de que la española media se la «juegue» al marido. Hay excepciones, naturalmente.

Como final de este capítulo de las represiones, podemos detenernos en leer los «diez mandamientos para que la esposa sea feliz en el matrimonio». Se trata de un decálogo ideado y recomendado por «Carmen Silva», que era el seudónimo de la reina de Rumania. Sin embargo, ha sido un texto recogido en casi todos los libros que hablan de la vida sexual y del matrimonio publicados en España, y que entresacamos de una edición que ha circulado por la década de los años sesenta y que todavía hoy sigue circulando. Este es el decálogo que se recomienda a la española que se casa:

1. No originarás la primera disputa; pero si es inevitable, lucha con valor.

2. No olvidarás que te has casado con un hombre y no con un Dios. Por tanto, no te sorprendan sus debilidades.

3. No hables siempre de dinero a tu marido. Procura más bien arreglarte con lo que él te dé.

4. Si crees que tu marido carece de corazón, recuerda que tiene un estómago. Apelando persistentemente a su estómago con manjares bien condimentados, te será más fácil tocarle el corazón.

5. Una vez, de cuando en cuando, pero no muy a menudo, le dejarás la última palabra. Esto le lisonjeará y no te hará ningún daño.

6. Los periódicos los leerás por entero, sin limitarte a las historias de sociedad y de escándalo. Tu marido se sorprenderá

con alegría de que pueda hablar contigo de asuntos generales y hasta de política.

7. No serás descortés aunque regañes con tu esposo. No olvides que en algunas ocasiones le creíste un semidiós.

8. De vez en cuando permitirás que tu marido vea que sabe algo más que tú, reconociendo que no eres completamente infalible.

9. Si tu esposo es inteligente, serás su amiga; si no lo es, serás a un tiempo amiga y consejera.

10. Estimarás a los parientes de tu marido y, especialmente, a su madre. Ten presente que ella le amaba mucho tiempo antes que tú.

Como puede verse, el decálogo no tiene desperdicio alguno. Pero conviene insistir en que se publicaba en el contexto de un libro que trataba de formar sexualmente a la pareja, sobre todo a la mujer española.

En los «mandamientos» de la reina de Rumania no salen muy bien parados, precisamente, los hombres. Más bien parecen «bichos raros», con la extraña manía de la supravaloración masculina. Pero lo más destacable de todo, en el fondo, es que, entre los «diez mandamientos» para la esposa feliz, no se hace ni una sola alusión a su sexo o a su acoplamiento afectivo con el marido.

Todo viene a justificar el comportamiento reprimido de la mujer española, que atenta contra la propia pervivencia del matrimonio.

Sólo las cochinas tienen sexo..., desgraciadamente. Esta ha sido, durante tanto tiempo, la convicción de la mujer española.

Una profunda insatisfación

Aunque públicamente no se reconozca, uno de los problemas que padece nuestra sociedad española es, ni más ni menos, el de la insatisfacción sexual (y, por supuesto, integral) de nuestras mujeres.

Y éste no es un problema que tenga su única raíz en la estrechez mental de nuestro pueblo, aunque a todas luces pueda parecerlo y aunque no deje de haber razones para ello, como quizá ya hemos apuntado.

Precisamente, la idea que originó este libro y la idea que debe prevalecer en todo él se va a desprender de cuanto veamos en este capítulo:

Las mujeres españolas (son) están insatisfechas sexualmente.

En el país de los «donjuanes» las mujeres son amadas inexpertamente. Hay un dicho popular, atribuido a Marañón, que es muy explícito: «No hay mujeres frígidas, sino hombres inexpertos.» Pero no vamos a conformarnos con el comentario, sino a brindar los testimonios recogidos, que han dado pie para que podamos asegurar así el grado de insatisfacción sexual que está viviendo la española, aunque nos sea duro reconocerlo.

Las españolas de ayer, como hemos visto, pueden ser víctimas de su propia inhibición, de sus íntimas represiones. Y eso dificulta realmente sus posibilidades de satisfacción. Pero las españolas de hoy, más aptas para descubrir la satisfacción sexual, son víctimas de otras circunstancias, que están decididamente acusando al hombre.

6

Gracias a esa evolución, no en la conducta, sino en la actitud de la mujer española, y como quiera que el tiempo y sobre todo la séptima década de este siglo han despabilado muchas ansiedades sanas y honestas, la mujer española está tomando (o ha tomado) conciencia de que el matrimonio debe ser la panacea para un arealización sexual verdadera.

Hace muy pocos años, un médico español, habituado a las publicaciones periódicas, causó pavor cuando publicó unas cifras estimativas de la frigidez en España. Santiago Loren hablaba, entonces, de un sesenta o un setenta por ciento de mujeres frígidas en nuestro país. La cifra, realmente, parecía aterradora. El español no podía dar crédito a tales revelaciones, porque al español medio le escocían.

Sin embargo, nuestra investigación actual puede llevarnos mucho más lejos: podemos estimar que las insatisfacciones sexuales femeninas en España alcanzan entre un setenta y cuatro y un setenta y ocho por ciento. Esto es muy claro: que de cada cien españolas con actividad sexual, generalmente dentro del matrimonio, setenta y seis no encuentran satisfacción; de cada cien, setenta y seis no alcanzan el orgasmo, y, en muchas ocasiones, ni lo han conocido.

Realmente dramático y profundamente preocupante.

Pero el estado en que vive la mujer en estas circunstancias no es de frigidez real, sino de seudofrigidez. Quiere esto decir que, en el supuesto de que algunas de las circunstancias que intervienen en el acto conyugal cambiaran, o en el supuesto de que se produjera una más perfecta, racional y adecuada intervención masculina, este porcentaje descendería considerablemente y de inmediato.

Si nos atenemos a la consecuencia de cuanto queda dicho, efectivamente, mucha culpa de la insatisfacción sexual de la mujer española la tiene el hombre.

La fama que el español tiene, en materia sexual, en el extranjero no se corresponde en absoluto con la idea que de él mismo tiene el propio español.

No hay más que suscitar una conversación a tiempo y en un círculo que lo requiera, para enterarse de que fuera de nuestras fronteras se dice que el español hace mucho el amor, pero fatalmente.

Ese bulo que circula entre los hispanos de que las extranjeras vienen en busca del español, o de que los españoles en el extranjero (como dicen los sicilianos cuando hablan de sí mismos) se llevan las señoras «a porrillo», sólo tiene una explicación: que la extranjera fuera buscando la vitalidad del hispano, pero que prorrumpiera en su grito clásico de «¡oh, español!» pensando en que le esperaba una gran tarea didáctica, enseñarle a comportarse en la cama.

También es verdad que el español sabe comportarse sexualmente mejor de lo que parece; pero, naturalmente, él no puede hacer ciertas cosas ni puede permitirse ciertas licencias con la madre de sus hijos.

Está tan desarrollado el sentido de la maternidad en los españoles, que la esposa, a veces, se convierte en eso: en una madre. Y ahí está el riesgo...

Si a las inhibiciones femeninas, que ya hemos señalado, le unimos ahora ese místico respeto que siente el español por la que es la madre de sus hijos, el combinado que obtenemos es uno sólo: la destrucción de todo erotismo.

Y cuando la pareja (el matrimonio) ha destruido toda posibilidad de erotismo, el acto conyugal (incluso el que está obligado por el sentido de procreación) se convierte en algo verdaderamente mortificante; más aún, en un tormento rutinario que, «¡chico, no hay quien lo aguante!».

En la misma proporción en que las mujeres españolas están insatisfechas, podemos decir que ha sido destruido el erotismo del matrimonio ibérico.

El caso es que hoy las mujeres españolas, a pesar de toda esa carga de represión que arrastran, se confiesan insatisfechas y se quejan de lo mal y de lo escasamente que hacen el amor sus maridos. El problema es de carácter nacional. Apuntamos en otro capítulo que Cataluña da unos índices más altos de satisfacción;

sin embargo, también participa del problema, aunque en otras proporciones. Y la queja de la mujer española proviene de todos los estratos. La misma acusación la hemos recogido en el medio rural como en el urbano; en las capitales de menos de cien mil habitantes, como en las que superan el millón; entre la clase más favorecida, la clase media y la clase humilde. El problema, sobre todo entre esposas que no han rebasado los cuarenta años, aunque también entre las que han cubierto los cincuenta, es el mismo: profunda insatisfacción sexual.

Es verdad que una generación determinada de españolas no ha llegado realmente a esta conclusión ni a esta condena de los maridos, hasta que no ha crecido la otra (la de las hijas) que ha venido a marcar la pauta. Pero ha ocurrido que muchas mujeres españolas, las que nacieron sobre las cenizas de la guerra, después de su matrimonio han ido a pedir explicaciones de determinadas cosas, que precisamente sus madres también ignoraban. Y entre el ir y venir con el hilo de esta comunicación sobre las razones del sexo, las madres de esa generación de españolas que sólo recuerda de la guerra el ruido infernal de los bombardeos, se enteraban (casi accidentalmente) de que sus hijas habían descubierto el orgasmo con su marido, de que a veces hasta podían sostener la satisfacción durante algún tiempo, pero que al final algo terminaba fallando...

Y así muchas españolas se dieron por enteradas. Y así otras muchas españolas comenzaron a descubrir las lagunas de su educación sexual, que ahora estaban padeciendo, y comenzaron a entender también las razones del «tralarala» en el Sexto.

* * *

Las causas de la insatisfacción sexual de la mujer española, como puede sospecharse, son muchas, casi infinitas.

Popularmente, algunos iniciados (y todo español piensa que él es uno de ellos) explican con todo lujo de detalles cuál es el secreto para que una mujer deje inexorablemente, y en el acto, de ser frígida, o seudofrígida, como hemos definido.

Son los mismos españoles que, aunque parezca pueril, poseen conciencia clara del problema y que así, expresado en términos vulgares, como se dice comúnmente, ellos ponen en su boca una frase bien gráfica: «Lo que pasa es que las españolas están mal gozadas.»

Y luego, volviendo a proporcionar toda clase de detalles, llegan a apuntar uno de los problemas de la insatisfacción: el hecho de que muchos españoles sigan haciendo el amor «a lo bruto». Hacer el amor «a lo bruto», como se dice en la calle, es omitir o evitar todo preámbulo coital, cuando ésta es, por encima de todas, una de las exigencias de la naturaleza femenina, y más de cualquier mujer que tenga que superar algún complejo, tabú, temor o recelo.

Sin duda ninguna, por encima de todas las causas que han conseguido arrastrar a la española a esta insatisfacción sexual profunda que estamos tratando, está una claramente tipificada en nuestro país: el temor al embarazo.

Dado el alto grado de fertilidad que tiene la española, como también hemos apuntado, y dada la moralidad de las costumbres de nuestro pueblo, que basaba la regulación de los nacimientos exclusivamente en la abstinencia conyugal, el acto sexual entre los esposos ha estado siempre condicionado, limitado y castrado.

No corresponde a este capítulo el tratamiento de la forma en que controla la española el nacimiento de sus hijos, pero sí debemos resaltar aquí que uno de los métodos más populares —digamos el método nacional por excelencia— ha sido el *coitus interruptus*. Y el *coitus interruptus,* aun entre los más expertos, es una fuente permanente de insatisfacciones sexuales.

Las españolas, que con el peso de tantas represiones ya tenían dificultades para entrar en situación o llegar al clímax de su sensibilidad erótica, cuando menos se lo pensaban veían interrumpido el ritmo coital y se quedaban..., digamos, «a verlas venir». La misma operación repetida días tras día o, mejor dicho, quincena tras quincena, durante años, terminaba no sólo hundiendo a la mujer en la insatisfacción, sino desequilibrando su sistema nervioso y creándole, por supuesto, su gran aversión al acto.

Pero al cabo del tiempo viene la cruel acusación de la mujer española a sus maridos. Ahora, cuando ha descubierto las posibilidades sexuales que guarda toda mujer, cuando ha sido advertida de que no sólo el hombre es quien tiene capacidad para sentir el placer, cuando sabe que todo es parte de una ciencia que tiene sus expertos y de una técnica que también exige experiencia, ella, la española, va y, cruelmente, radicalmente, dice:

—¡Anda, si tú nunca has sabido hacerme feliz!

Y el conflicto entonces sí que traspasa a otros fueros, que ya no son los puramente sexológicos.

La culpa, como debe quedar muy claro, ni la tiene el marido ni la tiene la española. Las responsabilidades hay que buscarlas en otros sitios. Ni siquiera, aunque sí más, la tienen esos médicos que durante mucho tiempo, cuando obtenían una declaración femenina de este calibre, no encontraban más ocurrencia que decir a la española:

—Mira, mujer, cuando te ocurra eso, lo que debes hacer es irte al cuarto de baño y satisfacer tú sola tu deseo.

Puede parecer una aberración a muchos; sin embargo, ha sido un consejo frecuente en otros años de férrea represión a las españolas que iban sumiéndose en las alteraciones nerviosas, que acababan degenerando en trastornos neuróticos.

Tampoco hay por qué ceñirse exclusivamente al sistema nacional del *coitus interruptus*. Posiblemente, y a pesar de las tremendas decepciones que ha causado, otro de los sistemas que le ha seguido a la zaga ha sido la abstinencia periódica o el famoso Ogino-Knauss. Para los españoles, la denominación es muy familiar. No hay más que hablar del «ogino».

Pues bien, «el ogino» ha sido, realmente, un método mortificante para nuestras españolas. Ha sido, y lo sigue siendo, por supuesto. Con todas sus precauciones para no soportar un embarazo cada año, ahí tenemos a la española haciendo sus cuentas matemáticas, sus números, siempre con el calendario rayado, con sus trazos rojos, indescifrables para los niños. ¿Había tarea más ardua? ¿Puede haberla acaso?

Era la manera más fácil de destruir la sexualidad pura y matemática de la pareja. Porque cuando la ocasión era propicia, cuando el amor de los dos esposos requería una verdadera culminación, como es el acto sexual, cuando todo era más romántico, más satisfactorio, más amoroso, más necesario, ocurría que la española tenía que echar mano de su calendario y, con una entonación lastimera, quizá azarada por una incipiente excitación, se veía en la obligación de advertir al marido y decirle:

—Hoy no podemos «hacerlo», cariño.

Un español experto, sin los equivocados escrúpulos de hallarse ante la madre de sus hijos y sin transgredir ninguna de las leyes del matrimonio, hubiera podido, de alguna manera, salir satisfactoriamente al paso. Sin embargo, generalmente, el español no podía hacer otra cosa que coger una rabieta para sí mismo, dar un violento manotazo en el aire o un triste chasquido con los dedos y disponerse a dormir profundamente, cosa que tampoco resultaba fácil.

Es posible que los anovulatorios, o la píldora anticonceptiva, o la píldora reguladora («la píldora» para nosotros, que denominamos, por paradoja, tan familiarmente todas las cuestiones próximas al sexo), vinieran en su momento a revolucionar por completo los comportamientos de los cónyuges. Pero también la píldora tiene sus muchos detractores entre los españoles —y las españolas, como ya veremos en otro capítulo—, y también la píldora, por no disfrutar de una situación muy clara en la interpretación que puede hacerse de la *Humanae Vitae,* ha creado sus problemas en la mente de la mujer española, e incluso ha influido en su comportamiento.

Sin embargo, las causas de la insatisfacción sexual de las españolas no terminan con los procedimientos utilizados para regular los nacimientos. También son frecuentes, entre las circunstancias que aumentan la falta de disposición al coito, otras tales como el *habitat* del matrimonio.

La política de viviendas del país, incrementando el ritmo de su construcción, es, verdaderamente, reciente. Pero durante muchos años, la pareja, el matrimonio español, la familia, ha vivido en situaciones tristemente incómodas. Incluso hoy las nuevas viviendas no reúnen las condiciones óptimas para el buen acoplamiento de la intimidad de los esposos y para que ellos puedan preservar el pudor que, naturalmente, tienen todas las parejas.

El hecho común de que una pareja española tuviera que compartir la habitación con el hijo más pequeño hasta que éste tenía dos, tres o cuatro años; el hecho de que el resto de los niños durmiera hacinado en la habitación contigua, soñando en voz alta, riendo o llorando, pidiendo agua en cualquier momento inoportuno, e incluso el hecho de que, en muchas ocasiones, durante la noche se escuchara el fatigoso respirar de los padres del matrimonio, o sus toses de desvelo, ha sido siempre un motivo más para destruir toda posibilidad erótica en el matrimonio ibérico.

Cuando no es ésta la situación, como puede ser más frecuente en estos años, resulta que los barrios-dormitorio tienen los tabiques tan finos y donde están pegando dormitorio con dormitorio, que la sensibilidad de la mujer española se resiente considerablemente y dificulta, una vez más, el verdadero encuentro íntimo y sexual con su esposo.

Y el problema no se reduce tan sólo a la pareja que vive en la capital y en un barrio nuevo, o en un pisito pequeño. También tiene su vigencia en el medio rural, con las casas amplias, pero destartaladas, con las habitaciones frías, con otras incomodidades que, en el fondo, vienen a justificar el hecho ya descrito anteriormente de que la mujer española ha realizado siempre el amor con la luz apagada y el camisón puesto.

A toda esta cadena de circunstancias hay que añadir, necesariamente, otras situaciones dispares que nada tienen que ver con ellas y que, sin embargo, poseen una gran importancia a la hora de la satisfacción sexual de la mujer. El problema de las distorsiones horarias es importante en este sentido.

No siempre el matrimonio está dispuesto a la satisfacción de su voluptuosidad en el mismo determinado momento. Hay organismos que se muestran más potentes sexualmente durante la noche y otros que, por el contrario, se encuentran en condiciones más óptimas por la mañana o a media tarde. Puede darse el caso de que la española que rechaza (no entremos en los motivos) el coito nocturno al marido, sí se siente muy dispuesta a primeras horas de la mañana, cuando ya el alba se cuela en el dormitorio. En estos casos, la pereza del español, tan bien retratada por Fernando Díaz-Plaja, sería un gran impedimento para la realización profunda y consciente del acto.

El marido, que siente sobre sus espaldas la obligación del trabajo y que no se puede jugar la prima de la puntualidad, no tiene tiempo por la mañana para andar precisamente «jugando».

—Ahora, ¿no?... Ahora es cuando lo desea la señora... ¡Pues ahora, no! —dice enérgicamente el español, como castigando.

Y corriendo, a medio afeitar, tomando un sorbo de café mientras llega el ascensor a su piso, abandona la casa y a la esposa, que por una vez le había requerido.

Puede ocurrir, sin embargo, como testimonian las españolas en gran número, que el marido sí acepte la tímida propuesta de la mujer, por no desairarla y, sobre todo, si es experto o si ha leído, por no crearla un complejo que luego atente contra la serenidad y el equilibrio del matrimonio.

En tal situación, el español, medio adormilado, torpe, sin ninguna estimulación erótica e íntimamente fastidiado, procura complacer (sin placer) los deseos de su mujer, que lamentablemente volverá a sufrir unos efectos desastrosos, aumentando la escala de insatisfacciones.

Naturalmente que los problemas de acoplamiento o de distorsión horaria pueden vencerse; pero la solución requiere, como primera medida, que los esposos hablen del tema, que lo aborden sin pudores mezquinos, que lo acuerden tácitamente, para no crear más descalabros. ¡Pero cómo un español de ley va a hacer semejante cosa!... Su mujer no es ninguna fresca para tratar con ella descaradamente cuestiones del sexo.

Y como el español no se siente dispuesto a tratar cuestiones del sexo ni a establecer un sistema de compensaciones eróticas que lleven a su mujer a alcanzar con asiduidad el orgasmo, sucede lo que sucede, que se cae, irremisiblemente, en el tedio y en el aburrimiento de los sexos.

Gracias a un libro popularísimo que salió al mercado hace muy pocos años, con la firma y la garantía de una personalidad como el doctor López Ibor, muchas españolas, hoy, saben un poquito más sobre las cualidades y las necesidades de su sexo. Es un libro que, sobre todo, los matrimonios jóvenes adquirían en los primeros días de casados, que ojeaban en sus horas de íntima compañía, generalmente en los postres de la cena, y luego, inexpertamente, trataban de poner en práctica algunas de las lecciones aprendidas. El libro se acaba siempre poniendo en una estantería a trasmano, para que las visitas no hagan sobre él comentarios impertinentes.

Gracias a López Ibor, por tanto, alguna española conoce secretos como, por ejemplo, la diversidad de las formas en que pueden hacer el amor dos esposos. Sin embargo, el varón celtibérico, el caballero español, el marido, el padre de familia, no se siente tampoco dispuesto a hacer con su esposa, con la madre de sus hijos, determinadas «marranadas», que sólo son cosas de libros considerados impúdicos.

La española no se siente en absoluto dispuesta a tomar la iniciativa en el amor. Eso es algo que atenta contra todos sus principios básicos. Luego el tedio y el aburrimiento se convierten en protagonistas principiales de ese drama en tantos actos que constituye el matrimonio.

Pese a todo, ya podemos ofrecer hoy algunos testimonios también positivos. Las españolas, cada día, pretenden hablar con más claridad de las cuestiones de su sexo.

Nos hemos encontrado una absoluta *predisposición* en la española de nuestro tiempo a abordar estas cuestiones de las que, sin duda, depende su satisfacción real y sexual, y, en definitiva, la salud de su matrimonio.

Incluso ya, en este tiempo, algunas parejas españolas comienzan a frecuentar las consultas de los ginecólogos y de otros expertos en busca de soluciones y de consejos, para poder armonizar las funciones de su sexo.

Es evidente que las españolas están dispuestas, por todos los medios, a vencer definitivamente la insatisfacción sexual que arrastran desde hace lustros.

* * *

El desencanto por el marido es algo que también podemos denominar histórico en nuestro país. Y no por histórico menos real y menos cierto.

La española, que tiene el convencimiento de que ella siempre ama más y más apasionadamente que su novio, su amante o su marido, no deja de encontrar ocasiones en la que demostrárselo. Es frecuente que, ante cualquier situación, simple o compleja, ella diga, en tono recriminatorio: «Tú no hubieras hecho esto por mí, ¿eh?» O: «Es imposible que tú me quieras como yo a ti.»

Este íntimo convencimiento es el causante también de profundas decepciones con el marido. Ella, de quien hemos dicho que tiene una concepción servil del matrimonio, que tan sólo se ha sentido mujer-objeto, que vive exclusivamente para el bien del marido, que está pendiente de cuando habla, de cuando viene, de cuando ríe, de cuando sufre o de cuando triunfa o fracasa, nota, advierte sensiblemente, cuándo su marido no recapacita en ella, o en su fatiga, o en su nuevo peinado o en su último vestido.

Y esto es causa de otras infinitas insatisfacciones.

Además, la española, que durante el tiempo de noviazgo o de conquista ha visto en el hombre a ese agente agresivo en el amor, activo, constante y hasta agradablemente molesto, de pronto advierte, poco después de su unión, que la situación adquiere un cariz muy diferente. El hombre, el marido, deja de ser agresivo, constante, activo, empalagoso y mimoso, y se convierte en un agente paciente y manso, que sólo busca la tranquilidad y el sosiego, y que renuncia a toda lisonja gratuita y vana.

Es entonces cuando la española, la española de ayer y la de hoy, la de siempre, padece un arrebato de ira, y ante la impotencia de volver al estado romántico anterior, piensa únicamente que todo su exceso de cariño, todo su ardiente apasionamiento, ni tiene recompensa, ni merece la pena, cuando menos.

Sin embargo, la mujer española siempre está dispuesta a empezar de nuevo. Pero ese «estar dispuesta» no deja de ser también un reflejo más de su verdadera sumisión. La situación puede hacerse dramática cuando, además, la mujer adquiere, por su propia irrealización, la sensación de auténticas frustraciones, contra las que difícilmente puede luchar y de las que no ve manera de escaparse.

Ninguno de los casos recogidos para la confección de este libro nos ha producido más asombro que éste que nos contaban, que ha sucedido muy recientemente en un pueblo entre León y Castilla.

Una típica pareja de novios acordó, como se acuerda siempre en España, su boda. Llegó el día y, en la parroquia del pueblo, con asistencia de todos los familiares y vecinos, contrajeron matrimonio. Como todas las parejas de novios en nuestro país, tenían grandes planes para el futuro. Habían construido su casa, tenían todas las ilusiones por estrenar y pensaban (como piensan todas las parejas españolas) que el amor de ellos era distinto.

Se marcharon de luna de miel. Hicieron un recorrido típico por las ciudades del románico y por la monumentalidad española.

Mientras tanto, en el despacho de la parroquia había sucedido algo: quien había casado a los novios no había sido el párroco, ya que éste se había marchado fuera del pueblo, por asuntos familiares, dos días antes de la boda. Les había casado el vicario; pero, al parecer, el párroco, que había abandonado de una manera imprevista el pueblo, no había dejado expresamente autorizado el documento que permite casar al vicario y que confiere legalidad eclesiástica al matrimonio. Luego, entonces, ese matrimonio no se había realizado. Desde el punto de vista estricto y eclesiástico, la pareja estaba viviendo su luna de miel fuera de un legítimo matrimonio. Total, un escándalo, como se puede entender.

Al párroco, y también al vicario, se les planteó un grave problema de conciencia. ¿Qué se podía hacer en tales circunstancias?... Acordaron que lo mejor era no dar ninguna publicidad al caso, guardarlo como un secreto y, tan pronto regresara la pareja de su luna de miel, llamarles también en secreto al despacho, anunciarles cautamente lo que había ocurrido y volver a repetir, en la intimidad, la ceremonia, que legalizaba al fin su situación de «amancebamiento».

Todo estaba ya así dispuesto y decidido.

Al cabo de los quince días regresaba la pareja, como regresan todas las parejas de novios, tras su luna de miel, después de haber pasado por todos sus apuros típicamente hispanos y después de haberse «conocido» como ellos no esperaban que pudieran conocerse, a pesar de sus muchos años de noviazgo.

La sorpresa que recibieron, como es natural, fue de órdago. Ninguno de los dos supo cómo reaccionar ante aquella noticia. Habían vivido como un perfecto matrimonio sin estar casados ante la ley de Dios. Pero, teniendo en cuenta la circunstancia, todo podía resolverse inmediatamente... El párroco había preparado la ceremonia.

Entonces la española, más sorprendida que nadie, preguntó una vez más:

—¿Pero, padre, eso quiere decir que de ninguna manera estamos casados?

—No, hija; no lo estáis. Es preciso celebrar nuevo matrimonio.

Y cuando nadie podía ni siquiera imaginárselo, la española dijo:

—¡Pues no me caso!

—¿Cómo no te vas a casar? Entonces vivirás un continuo amancebamiento... Vivirás eternamente en pecado.

—No, no me ha entendido, padre; que no me caso, que me descaso, vamos.

La historia, desde luego, es de lo más edificante. Y de lo más sorprendente, sin duda. Esto ha ocurrido en España y lo ha protagonizado una española de nuestro tiempo.

¿Cuántas españolas, realmente, en su mismo caso, después de conocer verdaderamente al hombre con el que se habían casado, o después de sufrir esa decepción que jamás se esperaban, hubieran hecho lo mismo?...

Sólo hay que recordar, por la importancia que tiene, la cifra de insatisfacciones femeninas que se dan en España, exclusivamente bajo el aspecto sexológico, y que han motivado este capítulo.

Bien está una que otra insatisfacción, más o menos. ¡Pero tantas!...

La significación de la cama y...

La cama tiene, sin duda, una alta significación para el comportamiento sexual de los humanos. Y tiene, naturalmente, una significación especial en la mente de la española, tan sobrecargada de símbolos.

Las primeras prendas del ajuar que preparan las muchachas en España, antes, por supuesto, de encontrar el novio, son precisamente las que cubrirán su cama. La madre se encarga muy ufana de todo ello. Y la muchacha, casi niña todavía, tiene la oportunidad de ver exquisitos bordados, que cuando llega el momento amarillean, y deliciosas telas, ante las que no deja de sentir el placer de acariciarlas y arrimárselas amorosamente a la cara, acompañando al gesto de algún suspiro.

Del mismo modo que en algunos pueblos primitivos (llamados hoy naturales) los más cercanos parientes se ocupan de preparar la cama de la desposada, con ríos de flores, ante el deleite de una situación que ellos esperan sea satisfactoria, así, la familia de las muchachas españolas se recrea en nuestro país todavía ante las telas que van a envolver su cama y que van enriqueciendo el ajuar de la novia.

Solamente en una determinada clase social, muy alta y muy significada, cuando la novia está preparando su ajuar se produce el hecho de tener que reparar en la posibilidad de dos camas.

Lo más común en España ha sido siempre, y sigue siendo (¡pues no faltaría más!) una sola cama: la cama.

Sin embargo, hoy es frecuente que algunas parejas se sientan tentadas de romper con una tradición tan sagrada y, ante las tiendas de muebles, se planteen si deben comprar una alcoba con una cama o con dos. Generalmente, es la novia quien dice que no, que basta con una cama. «Y si es pequeña, mejor», añade con su risa ingenua.

La española ha soñado precisamente con sentirse protegida hasta en la cama, con sentirse bien acompañada, con alguien a quien pueda rozar o volver la espalda. Y no iba a renunciar ahora que le está permitido, después de la boda, a uno de los placeres con los que realmente ha estado soñando durante muchos años.

—Tú te ocupas de lo que quieras; yo elijo la cocina y la cama —dicen todas las novias españolas.

Y sólo al cabo de los años de matrimonio la española se plantea la conveniencia de las dos camas, cuando ya su actividad sexual ha decrecido, cuando el capítulo de sus recepciones ha sido cerrado o cuando, incluso, comienza a reparar en lo que puede ser más o menos higiénico.

Pero si, a pesar de todo cuanto decimos, queda planteada alguna duda, será bueno recoger aquí uno de los párrafos incluidos también en uno de esos libros que siguen circulando por el país y que tratan de la educación sexual de la pareja de cara a su nuevo estado, el matrimonio.

El párrafo en cuestión, que se refiere a la elección de la cama y que, sin duda, habrá tenido gran influencia entre un importante número de españolas de esta segunda mitad de siglo, dice así:

Nuestros novios, que han hecho las cosas como es debido, tienen su tálamo; ¿cuántas camas debe haber en él? Casi me atrevería a decir que es vergonzoso, y habla muy poco en favor de los tiempos modernos, que se pueda hacer esta pregunta. ¿A qué espíritu maligno se le habrá ocurrido la idea de implantar la moda de que un matrimonio duerma en dos camas separadas? Entre marido y mujer debe procurarse que su unión carnal vaya acompañada de toda la sublimación posible, que se espiritualice cuanto se pueda, que no se cumpla con la cópula mercenaria entre un hombre libidinoso y una meretriz.

Queda claramente expuesto que sólo a los «espíritus malignos» se les ocurre pensar que un matrimonio de ley pueda dormir en dos camas separadas. A nadie más se le podría ocurrir...

Pero estábamos realmente en la significación que tiene la cama en la sexualidad de las mujeres de nuestro país.

¿No han advertido los lectores lo nerviosa que se pone una española, cualquier española, cuando está hablando con un hombre que no es su marido en un recinto donde ocasionalmente hay una cama?

La cama ha sido siempre, en la educación que se ha impartido en nuestro país, el lugar de las tentaciones y de los pecados. En la cama cometían las pequeñas niñas de todas las familias españolas los horribles pecados de su infancia, su pubertad y su adolescencia. No es extraño, pues, que la cama ruborice a cualquier española.

Por otra parte, la española puede llegar a cualquier exceso en su comportamiento sexual, a la más extraña y depravada de las aventuras, pero que a nadie se le ocurra mentarle la cama. Llegados a ese punto, el portazo puede ser seguro.

Después, en el matrimonio, el ama de casa, que da todo cuanto tiene a quien se lo pide o a quien lo necesita, llega a un momento de su ofrecimiento en que dice:

—Puede disponer de todo lo de mi casa, menos de mi cama.

Y, verdaderamente, está ofreciendo todo menos su cama.

Sin embargo, hay un momento, una ocasión especial, en que también la española llega a ofrecer su cama. Y ése es un gesto que hay que valorar en todo lo que realmente vale.

La española ofrece su cama, su propia cama, a los padres, cuando han venido de visita; para que se sientan a gusto, para que se sientan cómodos en la casa de la hija y para que, de verdad, puedan sentirse dueños de todo lo que ella tiene, «hasta de la cama».

La española también ofrece la cama, su propia cama, a la pareja de recién casados que viene del pueblo, que son primos segundos o primos lejanos, para que pasen seguramente su noche de bodas. Y se la ofrece con gallardía y con un gran sentido de complacencia. De la misma manera, la española del pueblo ofrece su cama, su propia cama, a los parientes que vienen de la capital, de Madrid, o de Barcelona, o de Córdoba, o de Segovia. Y entonces sí que vive una auténtica complacencia, porque ha dejado a sus visitantes lo que más quería, lo que más aprecia: su cama.

También es verdad que la española, generalmente, prefiere no aceptar la cama de nadie, y menos la cama del matrimonio, precisamente porque sabe lo que significa, el valor que tiene y el sentido, auténticamente de propiedad, de quienes la disfrutan.

Eso, la cama se disfruta.

* * *

Pero, realmente, cuando adquiere verdadera significación la cama en la mente de la española, desde el punto de vista meramente sexológico, es cuando ya se trata de algo muy diferente, cuando se trata, ni más ni menos, que de «irse a la cama».

«Irse a la cama» ya es una cosa muy seria. La española, aun la más libertina, la más «fina», cuando llega ese momento, aunque haya podido insinuar su apetencia y dar pie a que su pareja lo esté esperando, se cierra completamente en banda. Y hasta es frecuente que en circunstancias tales la española diga, saliendo al paso:

—Vamos donde tú quieras, menos a la cama.

La cama, ciertamente, sólo es propiedad de la casada; es la conquista conyugal; es, pese a ciertas interpretaciones que lo quieran poner en duda, el lugar donde se arreglan y se descomponen muchos matrimonios de España.

Si existe algún momento en que la mujer española se siente verdaderamente dueña de su marido, dueña y señora de la casa, ese momento tiene lugar, sin duda, en la cama. La española que se siente engañada vuelve a recobrar toda su confianza y hasta incluso su sonrisa cuando ve cómo su marido regresa nuevamente a su cama.

La sensación de posesión, por ejemplo, es diferente en la cocina, en la mesa, o en el sofá, que en la cama.

Y ahora sí que podemos citar uno de esos refranes que sólo están en la memoria de nuestras sabias ancianas: «A matrimonio avenido, un brasero y una cama, y... nada más.»

Viene a ser lo mismo de incierto que el «contigo, pan y cebolla»; pero, desde luego, no menos...

Y también sería oportuno añadir otro de esos dichos, que no figuran en el refranero, pero que con tanta gracia lo sueltan las abuelas españolas, siempre envueltos en una sonrisa verde y maliciosa: «En la cama se pierde la más casta.»

Es una gran verdad que las españolas, fuera del matrimonio, difícilmente se van a la cama. No estamos negando la evidencia de que haya (cada vez más) numerosos nacimientos fuera del matrimonio, como tampoco podemos negar que cada día son más frecuentes las parejas que contraen matrimonio después de haber sostenido relaciones prematrimoniales, con mayor o menor frecuencia. Pero en todos estos casos, lo más normal es que la española no haya «catado» la cama. Eso, como decíamos antes, es algo ya tan serio, a lo que tan sólo llegan mujeres españolas muy concienciadas de su *liberalidad* y con una madurez física y mental que las aleja mucho de ser «mocitas casaderas» ya.

Aún habría que apuntar algo más: cuando en esta circunstancia una española decide «irse a la cama», exige que sea «en toda la regla», no en un alto grado de comodidad, pero sí con unas garantías mínimas de madurez y seguridad.

Hoy, el verdadero temor de una española que sí va a la cama y que sexualmente se siente liberada, no es otro sino el que pueda enterarse un día quien ella no quiere que lo sepa y, generalmente, se trata de las amigas que ella frecuenta. Otra de las condiciones que exige, como garantía, es que el hecho de que ella decida «irse a la cama» no provoque malentendidos ni, por supuesto, suponga cadena. Ella se va a la cama porque se siente por encima de muchas cosas y porque en aquel momento su pareja ha conseguido que tal paso merezca la pena.

Con frecuencia, muchos españoles están equivocados sobre la forma de conseguir que una española se vaya a la cama con él.

Se da incluso una profunda irritación femenina entre las españolas de hoy, concretamente contra los hombres, porque no tienen en realidad en cuenta los requisitos secretos que como condición una mujer pone, o se exige, para dar el paso de llegar hasta la cama en un momento de amor.

Frecuentemente, en nuestros días, determinadas jóvenes españolas que no pondrían reparos al «irse a la cama» por el tal hecho de irse, se sienten llamar estúpidamente estrechas y otras cosas, como si esto fuera, en realidad, la mejor manera de excitarlas y provocar una reacción favorable o afirmativa, cuando lo que provoca es indignación y acaso un poco de pitorreo.

La española que ha decidido, por las circunstancias que sean, dar ese paso, está exigiendo, además de esas garantías que ya vimos, unas reglas determinadas. Esas determinadas reglas van desde el auténtico conocimiento del aspirante y sus pretensiones, hasta la necesidad de un verdadero entendimiento en cuestiones fundamentales que son opinables, y de ello hasta que se produzca un sabroso y certero galanteo, que permita escalar al hombre, peldaño a peldaño, la muralla que toda española ha puesto en torno a su sexo. Y en este caso, precisamente, es cuando la española impone la cama. Es su decisión, sin embargo.

Difícilmente una española, por muy liberada que se sienta del sexo, acepta en una noche el «irse a la cama». Cuando eso sucede hay que buscar mil razones que puedan explicarlo mejor, desde un profundo problema que vivía esa española, y por eso utilizaba la ocasión, hasta la posibilidad de haber caído en una bonita trampa... que acaba costando el precio que marca la tasa, aunque el español luego intente dorarlo.

Tampoco la española es una mujer a la que se conquiste por lo grande, ni por algo deslumbrante. Precisamente, ese erróneo convencimiento tan hispánico es la causa de que muchos romances culminen cuando apenas habían dado comienzo.

La española que había decidido «irse a la cama» con alguien de su completo agrado, lo decide por ella misma, cuando ella quiere y, sorprendentemente, a cambio de nada. El regalo inoportuno y aparatoso, o el ansia de dejarla deslumbrada por una exhibición de billetes, de fuerza, de machismo o, simplemente, de automóviles irresistibles, suele tener en ella efectos negativos. Y cuando no, se trata de una vividora profesional, más o menos.

La española no acepta que se la conquiste así, aparatosamente, según reglas establecidas, o por signos convencionales a la vieja usanza. Ella, cuando lo decide, necesita sentirse auténticamente conquistadora y darse a cambio de nada, simplemente como culminación de una grata velada, o en agradecimiento al detalle de un clavel, o a una palabra oportuna, o a una grata compañía que acaso tenga su propio valor.

Luego se dan otras situaciones, absolutamente diferentes, que nada tienen que ver con la exposición que hemos hecho de la española más liberada que acepta el «irse a la cama», y esas situaciones, que también protagonizan un sin fin de españolas, se refieren más a ese «momento tonto» que, como se dice, asalta a toda mujer, o que tiene toda española.

* * *

Pero entonces, llegados al punto del «momento tonto», sí que nos alejamos de la cama ya. Porque entonces el comportamiento de la española deja de ser coherente con lo que piensa, con lo que verdaderamente persigue y busca. Se trata de una debilidad (se lo llama así) que puede llevar a cierto tipo de españolas a «lo inevitable».

La pregunta que se plantea, la que nos planteábamos en los meses de investigación para poder desarrollar este tema, es ésta: ¿dónde hace la española el amor cuando no lo hace en la cama?

Como ya hemos razonado que la cama la tienen íntimamente vetada muchas españolas, y como también ha quedado prefijado que hay momentos de debilidad (cada vez más frecuentes, al parecer) entre otras muchas españolas, tiene que haber un sitio, un lugar, donde ese amor que se prodiga se dé.

Efectivamente, lo hay. No un solo sitio, sino una amplia variedad. Hoy, donde más frecuentemente las jóvenes españolas hacen el amor es en el coche. Y la moda no es precisamente una moda que provenga de la capital. El coche se encuentra ya en todos los rincones de España y, dentro de la liberación individual que ha supuesto en los españoles, que permite toda una amplia posibilidad de movimientos, una de las «necesidades» que cubre es ésta, la de hacer el amor en esos llamados «momentos tontos» de la mujer.

Cuando no era el coche, lo era, sin duda, el campo. Pero entonces la actividad sexual de las españolas no casadas era prácticamente nula, casual o esporádica. Y hoy, no.

La moda de los guateques también se ha quedado muy anticuada ya. Pero hay que recordar que ha existido una época muy reciente, quizá con el despertar de la sexualidad de la juventud española, en que cada sábado y cada domingo se celebraba guateque en una casa particular.

Y hay que señalar que era en aquellos guateques, cargados de novedad y de sombras, sobrantes de «Coca-Cola» y de algunas impías pastillas atolondradoras (el temor de quienes por más viejos más sabían), donde muchas españolas que a lo mejor ya hoy están casadas y disfrutan de «su» cama, vivían sus momentos de debilidad.

Allí, arropados en las sombras, con la música estridente que entonces privaba, cuando aún no habían hecho furor las Rosas León, ni las Maritrinis, ni las Cecilias, siempre en una atmósfera de juventud y de desbordante alegría, mientras todo su cuerpo daba vueltas («Ay, no sé qué me pasa»), se desbocaba la sensualidad y las glándulas erógenas se deshacían.

Era entonces, en aquellos momentos tímidos y temerosos, pero de gran ansiedad, cuando la española hacía por primera vez, o por segunda, o por tercera, incorrectamente el amor, y muy lejos de la complacencia de la cama.

Generalmente, aunque no siempre, esas escapadas al amor que hace la española de nuestro tiempo, en condiciones incómodas, con la ropa puesta y bajo el signo de la prisa, el temor y la inexperiencia, acaban siendo tristes aventuras, que dejan, sin lugar a dudas, un extraño amargor de boca y de conciencia.

Esa es la diferencia justa que hay entre las españolas que han llegado al convencimiento y a la aceptación del «irse a la cama» y las que no se irán nunca (todavía).

Estamos hablando, al tratar este tema, de una nueva española, que ya sí ha despertado a la sexualidad, que sí conoce su sexo y las posibilidades de placer con que le ha dotado la naturaleza, y que intuye, también, que puede llegar a satisfacer su instinto y su apetencia sexual. Pero también esta española se siente amenazada de tabús y confundida por las represiones que ha sentido y sospechado a su alrededor. Si ha llegado, precozmente, a esta realización (generalmente inadecuada) de su sexo, ha sido precisamente a través, o por culpa, de tales represiones, que la hicieron perder el sentido del equilibrio real de las cosas.

Sin ninguna duda, ya podemos afirmar que en España el cambio ha sido muy brusco, vertiginoso, en materia sexual, y que eso ha impedido que la generación actual de españolas lo haya asimilado como sería de desear.

Muchas veces, el comportamiento sexual de la joven española obedece más bien a un desafío propio, a un desafío interior, consigo misma, que a una conducta racional y equilibrada, que verdaderamente sí podría ser coherente con sus deseos liberadores del sexo.

Pero entramos ya en cuestiones distintas, como son la virginidad y la sexualidad a flor de piel de las nuevas generaciones, temas que vamos a abordar en las páginas posteriores.

Después, aquellos flirteos terminaban en una gran llantina, cuando no en una gran bronca, en un gran pesar, o en una tragedia.

El amor que hacen las españolas en el coche tiene ya otro signo muy diferente. Hay amores que nacen, que se desarrollan y que mueren en el mismo coche, sin conocer la luz ni las sombras.

Los complejos de la virginidad

Si nuestro país fuera, de alguna manera, propenso a las estadísticas, si en nuestro país se hubieran podido o sabido hacer estadísticas, y si... realmente los españoles (y las españolas) se hubieran prestado al juego de las estadísticas, manifestando anónima, pero sinceramente, la verdad de cuanto estaban pensando ante las preguntas a veces un tanto incómodas de las encuestas, en estos momentos tendríamos una fuente de datos importantísima, que esclarecería con relativa precisión la gran transformación que ha sufrido el tema de la virginidad femenina en la sociedad española.

Pero a falta de estadísticas suficientemente ricas y con garantías de acierto, éste ha sido un tema que nos ha preocupado profundamente a la hora de querer conocer la evolución y la realidad del comportamiento sexual de la mujer española.

Reconocemos que en infinidad de ocasiones, ante las jóvenes, las menos jóvenes, los grupos y las individualidades con quienes nos hemos entrevistado y a través de quienes hemos buceado, en cualquier rincón de España, hemos podido parecer ciertamente crueles. Después de íntimas confesiones, siempre hemos formulado las mismas preguntas, con ansiedad por obtener una respuesta sincera, en torno a la virginidad. De lo que sí estamos seguros es de haber obtenido, a pesar de la violencia de la intromisión, una respuesta sincera ante este aspecto, tan destacable en el comportamiento sexual de las españolas. Los resultados son los que aquí quedarán expuestos.

DURANTE toda la primera mitad del siglo, España ha sido, con toda seguridad, un país de mujeres vírgenes.

Esto, si hablamos del concepto clásico de virginidad, o sea, que la española ha llegado al matrimonio con el himen intacto y sin haber realizado plenamente el coito premarital.

Si, por el contrario, queremos entender la virginidad en el sentido estricto, puro y auténtico que marcan las reglas universales de la moral, la aseveración se desintegra automáticamente.

Por supuesto, después de la década de los cincuenta, y especialmente a partir de los años sesenta, el grado de virginidad de las españolas se ha visto sensiblemente mermado, disminuido.

La virginidad de la mujer no puede verse como un valor estrictamente anatómico. Se trata de un valor pura y exclusivamente espiritual.

También debe de entenderse con apremio el escaso valor que tiene la escala de valoraciones sociales y la significación que un determinado hecho adquiere para esa sociedad, en relación con la íntima esencia de un comportamiento femenino que, lógicamente, jamás trasciende.

El hecho es que para todos los aspectos España ha sido un país de «vírgenes» hasta un determinado momento. Hoy, todo el mundo sabe y todo el mundo asegura que ya no lo es.

A pesar de todo, podríamos decir, sin riesgo a equivocarnos, que hoy existen más, o acaso tantas, vírgenes como ayer. O... tan pocas vírgenes como ayer, lo que viene a significar lo mismo.

Nuestro pueblo está plagado de historias que guardan una entraña especial con el tema de la virginidad. Desde la ocupación de distinguidas matronas, que tenían la misión de comprobar el himen intacto de las doncellas que se iban a casar, al martirio y el abandono de quienes, habiendo engañado al confiado esposo, tenían la osadía de fingir su virginidad. Atroces y horrendas historias que aún se pueden recoger de boca de algunas víctimas y de infinidad de testigos.

Solamente en aquellas culturas en que la mujer ha sido, o es, una propiedad privada para el hombre, el hímen ha supuesto el símbolo de esa propiedad.

Pese a todo, nuestras mujeres, siempre han tenido la cautela de prevenirse contra este mal nacional, buscando consejeros que, aunque con escasos argumentos, pudieran explicar las mil y una razones de la pérdida del himen y no precisamente por pecado de lujuria.

Cuando una española, virgen o no, según la catalogación, se encontraba ante alguien que enjuiciaba el problema con dureza o estrechez, sabía muy bien traer a colación todas las causas y accidentes fortuitos que pueden desfigurar la realidad, y exponía entonces toda una retaila de argumentos de posibilidades, como el ejercicio físico o las caídas fatales, que producían en el himen el mismo efecto que una completa desfloración o una placentera realización coital.

Como una especie de consigna sectaria todos estos argumentos se han ido transmitiendo de española en española, hasta formar una gran cadena de complicidad, único mecanismo de defensa que le quedaba a la española, y sin que esto sea negar la certeza de tales argumentos y justificaciones.

En otros años, una mujer que hubiera perdido su virginidad y quisiera reconocerlo, o al menos no falsear la realidad, sabía muy bien que difícilmente iba a tener la oportunidad de encontrar un marido y de formar un hogar.

De muchos pueblos de España salían hacia las capitales infinidad de españolas que habían sufrido el «accidente fatal», con la lejana esperanza de poder rehacer un día su vida. Triste sino. Pero quizá más triste era el sino de las españolas que habían nacido, vivido y perdido su virginidad en una capital, porque éstas ¿a dónde huían?...

La mujer se sentía obligada a llegar virgen al matrimonio. Era una garantía de su fidelidad. Poco importaba que hubiera sido una española trotona o descarada, incluso que hubiera comercializado su cuerpo, si, al fin y al cabo, llegaba al matrimonio con su himen intacto. Naturalmente, esta circunstancia tenía que desencadenar los resortes de la picaresca española. Y al socaire de «la necesidad de un virgo para una boda» algunos médicos, o falsos médicos españoles, tuvieron que realizar operaciones quirúrgicas de urgencia, para restaurar un himen y reponer o fingir, clínicamente, una virginidad. ¡Habrase visto desvergüenza igual!...

Por el contrario, la virginidad en el hombre (si es que se nos permite llamarla así) ha estado mal vista en España siempre; vamos, que carecía de todo valor y, por supuesto, de congratulación social.

Ya se sabe: «El mejor marido, el que más ha corrido». Esa era la recomendación popular. Y lo demás, zarandajas... Que luego, pasa lo que pasa y que... «quien de soltero no la ha corrido...». Pero lo más triste ha sido que ante el hombre más desvergonzado y más «corrido», la española se ha visto en la humillación, y hasta incluso en la satisfacción, de tener que probar su virginidad.

Las madres de las españolas casaderas eran quienes, en realidad, jugaban el mayor papel. La duda de la virginidad de una hija ha sido siempre motivo de pelea callejera, a menos que las razones se convirtieran en injuria y ofensa y entonces se hacía necesaria la intervención del padre de familia, para lavar la afrenta y poner a salvo el honor familiar. Cuestiones de honor a la española...

También en la historia que guardan los periódicos de nuestro país se ha registrado algún suicidio, por culpa de este sentido social de la virginidad. Mientras no trascendiera, mientras solamente la «víctima», el «desvirgador» y acaso los muertos lo supieran, todo iba bien; pero en el momento en que aquello se insinuaba o salía a la luz... era mejor morir.

Durante muchos años y hasta muy recientemente, ha tenido vigencia la costumbre popular de que la madre de la novia, de la desposada, a la mañana siguiente de la noche de bodas, se hiciera con las sábanas que adornaban la cama conyugal y ella misma, dando fe de la virginidad de su hija, y contemplando con orgullo y deleite la sangre que la ruptura del himen había provocado, lavase las ropas que luego tendía en lugar visible y hasta con un cierto alarde de la decencia familiar.

Posiblemente, esta costumbre, que tanto arraigo ha tenido en España, tenga sus reminiscencias medievales en aquella otra ceremonia real en que el señor tenía la obligación de mandar a tender las sábanas manchadas de la sangre himenal, para demostrar que, verdaderamente, se había realizado y consumado el matrimonio con la reina. Al menos, resulta difícil encontrarle otra justificación, aunque también se aproxime como ceremonia a los ritos de procedencia gitana.

Pero el hecho está en que a la mañana siguiente, la madre (para el varón la suegra) asomada a la ventana, haciéndose notar ostensiblemente, canturreando para advertir de su presencia allí, se ponía a tender las sábanas de la novia, a las que el vecindario salía a mirar, con afán de crítica o de asentimiento. Cuando las sábanas no colgaban... mala señal.

No es preciso volver a insistir en que las españolas podían muy bien haber perdido toda virginidad, entregándose a todo tipo de licencias y de lujurias y, sin embargo, conservando intacto su himen.

Y cuando no, cuando el himen no lo había sabido preservar, incluso había alguna española que conocía muy bien el secreto para enmendarlo. Nunca han faltado buenas consejeras en este país... Y para estos casos, no había más que acudir a una de ellas, que brindaba la solución. Muchas españolas de este tiempo supieron así que, en realidad, los hombres apenas conocían nada del aparato genital de la mujer, por lo que en la noche de bodas muy bien podían fingir un tremendo dolor que desconsolaba al marido y que le hiciera «entender» lo que estaba sucediendo, cuando nada sucedía.

Aún había más: para maridos suspicaces a quienes no les bastaban los gemidos, había que adoptar otra táctica, que podía muy bien ser la de manchar las sábanas con un líquido rojo, lo más parecido a la sangre, o sangre en verdad, en un momento en que él no se apercibiera. Y ese no era precisamente recado difícil de cumplir.

Pero, sin duda, todo esto parece muy lejano ya, cuando ha sido tan próximo y tan verdadero...

La evolución se ha producido. El cambio de mentalidad, entre las españolas de hoy, ha sido vertiginoso y radical; basta recordar acontecimientos semejantes, que muchas de nuestras mujeres aún pueden testificar.

Hoy, para las jóvenes españolas, incluso para aquellas que no han alcanzado la madurez sexual, la virginidad ha perdido toda significación. Lo que no quiere decir que el español lo acepte con la misma rotundidad. A pesar de todo, el cambio de significado y el cambio de mentalidad, no vienen a decir nada en cuanto al comportamiento real de la española, a la hora de preservar o no su virginidad.

Uno de los expertos actuales más destacado y reconocido en esta materia, Ira L. Reiss, tiene escrito en su tratado *Hacia una sexualidad racional:*

La importancia primordial del cambio (se refiere, naturalmente, a la virginidad) *estriba en la creciente aceptación del comportamiento coital premarital más que en la creciente ejecución de dicho comportamiento. Así, el sentimiento de culpabilidad es una reacción menos frecuente e intensa hoy día.*

Su interpretación responde absolutamente a la transformación que ha sufrido el problema en la mente de la mujer española.

En definitiva, las vírgenes pueden ser hoy menos, pero más vírgenes, quizá.

* * *

Por el contrario, y probablemente por el desmedido valor que tuvo la virginidad, las españolas de hoy no quieren ser vírgenes. Esta es la contradicción. Hoy, entre una cierta juventud, está mal visto ser «virgo».

—¿Tú eres virgo?... ¡Qué estrecha! —dice cualquier jovencita.

Se va conformando, inevitablemente, un gran complejo de virginidad entre las españolas de nuestro tiempo. Es tan profundo el resentimiento contra las situaciones protagonizadas por las españolas que las precedieron, que las mujeres de hoy han llegado de alguna forma hasta el punto de despreciar la virginidad. ¡Qué cosa más tonta! —exclaman.

Entre las jóvenes españolas de hoy existen muchas que se han entregado a un hombre, antes de su madurez física, moral, mental y sexual, por el sólo hecho de perder su virginidad, aunque después no vuelvan a repetirlo, posiblemente en mucho tiempo.

Son también numerosas las españolas entre dieciocho y veinticinco años que, constantemente, se están reprochando el hecho de no haber perdido su virginidad todavía. En su mente tienen aceptada ya la pérdida de su virginidad; lo que no saben es cómo llevarlo a cabo, ni con quién lo deben practicar.

De las numerosas confesiones que hemos llegado a obtener, hay una que merece una atención especial. Se trata de una joven universitaria de veinticinco años que, desde que cumplió los veintitrés se está retando personalmente para perder su virginidad. El año que cumplió los veintitrés se dijo: antes de cumplir más edad, tengo que perder mi virginidad. Al año siguiente, cuando celebró sus veinticuatro años volvió a repetirse: «bueno, será este año». Por último, se dijo también: «antes de los veinticinco, desde luego, tengo que dejar de ser virgen». Ha cumplido ya los veinticinco y está camino de los veintiséis. Nos confesaba que aún no ha perdido su virginidad. Y, después, analizando las razones, dejó entrever claramente que, aunque no se siente muy exigente, tampoco está dispuesta a perder su virginidad con cualquiera; necesita encontrar un hombre con quien merezca la pena vivir su experiencia amorosa.

El riesgo puede ser el que esta situación que hoy protagoniza alguna española, tenga efectos secundarios, sobre todo en la verdadera concepción de lo que es su sexualidad y en que provoque un cierto desequilibrio sexual-erótico-emocional.

Muchas de estas jóvenes españolas, a quienes nos venimos refiriendo (y más frecuentemente entre la clase media y baja) cuando se les pregunta si han perdido su virginidad responden con toda seguridad que sí. Después, en una posterior e íntima confesión, confirman que no, pero que ya ni pueden, ni están dispuestas a sostener la verdad; no se lleva, sencillamente.

¿Qué está sucediendo en realidad?... ¿Qué puede ocurrir cuando una estudiante de medicina, en sus prácticas de quirófano, mientras preparaba a tres monjas españolas para una determinada intervención, tuvo la ocurrencia de romper el himen de cada una de ellas? Su expresión fue realmente cruel: «¡Bah, esto no sirve!». Y sin más reparo los rompió. ¿Qué estaba ocurriendo entonces o pasando por su mente?

Por otra parte, y al margen de lo que el himen viene a significar o no como símbolo social, es cierto que las españolas de hoy tienen más a flor de piel su sexualidad. También es cierto que los juegos eróticos se han visto enriquecidos extraordinariamente y que la disposición de la española hacia ellos es mucho mayor.

Hace escasamente cinco años, cuando se hablaba del *petting,* o del juego amoroso adolescente o premarital que no llega a al cópula, había que comenzar por explicar el significado de la palabra, arrancada del diccionario anglosajón e importada (como tantas cosas) desde Estados Unidos, donde ya entonces se decía que la juventud se entregaba apasionadamente a esta práctica sexual del juego amoroso incompleto.

Hoy, utilicen o no la palabra los jóvenes españoles, es evidente que lo practican con asiduidad y, hasta podría decirse, que con naturalidad.

También son frecuentes las visitas a las consultas de los ginecólogos, con evidentes síntomas de embarazo y ante lo que la española suele reaccionar así:

—Si no es posible, doctor; si no es posible... Pero si yo no he hecho nada.

—¿No tienes novio, jovencita?

—Sí, pero le prometo que no hicimos nada. Simplemente jugamos a hacernos algunas caricias...

Las caricias, el juego erótico, el *petting* de mala fortuna, el de «la mala pata», que diría una castiza, que ha terminado así: cuando un esperma ha alcanzado los labios exteriores del sexo femenino y, luchando por sobrevivir, se ha introducido en la vagina y ha fecundado un óvulo. Muy simple todo.

Pero el problema verdadero se plantea ahí, ante el caso de una española, que quizá aún no ha cumplido los dieciocho años, que no tiene ninguna disposición para ser mamá, ni condiciones, ni la más mínima posibilidad de ayuda, y que, encima, por si fuera poco, ni siquiera perdió su himen y ni siquiera tuvo, probablemente, satisfacción.

En casos semejantes, el muchacho, que no tiene muchos más años que ella, se niega a toda posible responsabilidad, porque alega que ni siquiera eran novios, que ni siquiera la quería y que apenas la conocía. Y, además, si eso lo ha hecho con él lo ha podido hacer con cualquiera, dice. Así que, allá se las apañe como pueda.

Estos son, en innumerables ocasiones, los protagonistas del llamado «aborto criminal» y estas son las situaciones que, de hecho, aumentan el índice de los cometidos anualmente en nuestro país.

Que el *petting* o juego amoroso-sexual se ha convertido en una de las manifestaciones más generales de la juventud, y que la mujer española acepta, y hasta propone, configurando un nuevo comportamiento sexual, queda perfectamente demostrado en una encuesta realizada por Eliseo Bayo y Lidia Falcón, en la que preguntaban «¿Qué relaciones sexuales estarían permitidas a los novios?», y sobre la que obtuvieron respuestas verdaderamente reveladoras.

El sesenta y nueve por ciento de las mujeres respondieron que, en su conciencia, estaría permitido el «besarse» y el «abrazarse y acariciarse». A la misma pregunta, solamente tres de cada cien mujeres veían bien el «acostarse juntos». Y, de la misma manera, cuatro de cada cien no consentía ningún tipo de relación a los novios, ni siquiera el «cogerse de la mano».

En cuanto a la actitud ante la virginidad, en la misma encuesta, se obtuvieron también algunos resultados de interés: el setenta por ciento de los hombres (la encuesta estaba realizada en Cataluña) considera importante casarse con una mujer virgen; pero el noventa y ocho por ciento de ellos ha tenido relaciones sexuales antes de los veinticinco años, cuando la edad media en que el hombre se casaba en España estaba cifrada en los veintiocho. ¡Curiosa comparación!

Otras de las cifras que han adquirido valor como datos estadísticos, son las que ofrece un médico español, el doctor Serrano Vicéns, que durante más de treinta años estuvo trabajando con sus encuestas e investigaciones, lo que ha hecho comparar su trabajo, de cara a la sexualidad femenina de nuestro pueblo, con la importante y revolucionaria encuesta del doctor Kinsey en los Estados Unidos, que vino a esclarecer gran parte del comportamiento sexual de la mujer.

Para el doctor Serrano Vicéns el porcentaje de españolas que han tenido relaciones sexuales antes del matrimonio, o que, al menos han practicado el coito premarital, es del treinta y dos por ciento: una de cada tres.

De la misma forma, apunta también que ochenta y seis de cada cien españolas muestran un claro temor a las consecuencias sociales del embarazo y concluye con que en el noventa por ciento de los casos, este acto premarital es «indudablemente pernicioso entre las mujeres jóvenes».

* * *

En una cinta que podíamos transcribir íntegramente tenemos recogida una de las confesiones más sinceras que, ante un grupo de compañeras, nos hacía una joven española de veintiún años.

En su conciencia, ella se siente liberada del «tabú de la virginidad». Sin embargo, reconoce que de alguna forma, su sombra llena de implicaciones todo su comportamiento.

Sus características responden absolutamente al tipo de española media de nuestros días, universitaria, que ha vencido la carga de represiones que envolvían a la generación anterior, y que se muestra confiada ante su propia conciencia y ante su ya formada concepción mental.

Confiesa no tener, ni sentir, ninguna inhibición en lo que respecta a su posible realización sexual. Sí le importa, de cara a su propia realización como mujer. Sin embargo, no siente la llamada del sexo. Sus necesidades sensuales, por el momento, están cubiertas, al parecer, con la convivencia general de un grupo de amigos, entre quienes destaca uno especialmente, al que dice querer. No son novios. «No se estila eso ya...»

Solamente ha tenido una experiencia sexual en su vida. Y ha sido precisamente con el hombre al que cree que puede querer. Era el día de su cumpleaños (el de ella). Hace ahora, aproximadamente, seis meses. Estuvieron cenando fuera y después, con unos amigos, tomaron copas y bailaron en un club. Dice que, efectivamente, su grado de erotización subió a medida que avanzaba la noche. También reconoce que había bebido más de lo normal: se sentía ciertamente emborrachada, pero consciente de lo que hacía, del momento que vivía y capacitada para calificar en todo momento el grado de sus sentimientos.

Decidieron «irse a la cama». Y, quizá porque era un día importante, el día del cumpleaños, y quizá porque ofrecía ya un comportamiento diferente por su nivel de desarrollo mental, decidieron «hacerlo bien», renunciando, por supuesto, al coche o a cualquier otra seudosolución, tan frecuente, como hemos dicho.

El caso es que, en una cama, sin más inhibiciones que las suyas, se encontraron los dos cuerpos por primera vez. En estos momentos, la española nos confesaba:

«No sé si soy virgen o no. Yo lo que sí sé es que no terminamos del todo. El dolor que sentía superaba al placer... Y también me daba cuenta de que él no sentía ningún placer. Solamente días después me planteé lo que aquello significaba para mí. No lo sé. Por supuesto, no me arrepiento de nada. Yo quería a esa persona. Y la quiero. Pero no he querido volverlo a hacer. Hemos decidido esperar: creemos que necesitamos más cariño y más confianza para volver a intentarlo».

A la salida, recobrado ya el estado de consciencia, todavía la pareja dialogó más. Y cuando él le preguntó a la chica lo que pensaba en aquellos momentos en que realizaban el amor, obtuvo también una respuesta sincera: «No estaba pensando en si te quería o no te quería. Si te digo la verdad, estaba pensando en mi familia».

Debemos añadir que esta española, como muchas más, había tomado precauciones contra el embarazo, mejor dicho, «las había tomado él», y que, por tanto, no era eso lo que la preocupaba. Así como también explicar, según nos confesaba, que no habían llegado al encuentro amoroso por premeditación, sino que había surgido inevitablemente aquel día, por las gratas horas que habían disfrutado juntos.

En resumen, a esta española su virginidad no le importa absolutamente nada. Sólo está convencida de que debe hacer el amor cuando realmente lo quiera ella, lo acuerden y lo decidan los dos, especialmente tras una cadena de acontecimientos sensuales que la transporten al momento del *climax* ideal. Por el momento, tampoco haría (en ningún caso) el amor con otro hombre.

Este, con todo rigor, es un caso típico y actual del comportamiento sexual de nuestras jóvenes españolas.

Nada tiene ya que ver con el comportamiento de ayer. Existe, se da, una pura e íntima convicción ante el acto de amar. Y por supuesto, nuestra española de hoy la noche de su boda no habrá pedido consejo para dar con la fórmula de manchar las sábanas y así obtener el beneplácito de su marido y la satisfacción de la madre de sacar las sábanas a tender...

* * *

Ultimamente, también se han registrado casos de españolas que defienden y persiguen la maternidad fuera de todo matrimonio.

Esto es algo que, hasta el momento, tan sólo se daba en ese ultramundo que es el extranjero. Noticias como esas y otras en las que una señora ofrecía una cantidad desmedida al hombre que fuera capaz de engendrarla un hijo y luego marcharse, sin más responsabilidades y sin exigir más derechos, venían siempre de muy lejos; pero eran ciertas, aunque una española jamás lo hubiera entendido.

Sin embargo, hoy, las españolas se sienten mucho más cerca de situaciones semejantes, e incluso pueden convertirse en protagonistas en cualquier momento.

Hay un hecho suficientemente revelador que, de alguna manera, también nos da la medida del cambio sufrido en este comportamiento nacional: mientras que por los años cuarenta las actrices del cine español, nuestras estrellas, trataban de aparecer en las revistas como las más castas y las más respetables españolas (cosa no precisamente impuesta por ninguna censura), mientras incluso alguna llegaba a declarar que ella en «la escena del beso» se negaba a participar y pedía ser doblada, hoy, la realidad está muy lejos de aquello.

Las revistas del corazón, que suelen ser fiel reflejo de una situación social e histórica, de todo un comportamiento de un pueblo, publican cada día con mayor frecuencia, y en los caracteres tipográficos más grandes, los deseos extramatrimoniales de maternidad que sienten nuestras estrellas.

No se trata ya de la publicación descarada (y siempre agradecida por la estrella) del éxito de sus numerosos romances, entre las que tratan de establecer ciertos *records* de competencia, sino que la situación ha llegado a otros extremos: es el momento de sacar de la oscuridad a todos los niños ilegítimos y mostrarlos con verdadero regocijo y satisfacción, lejos de todo venerable deseo materno de mostrar al hijo. Al parecer, también esto está de moda, se lleva, y eso concede una mayor popularidad entre un determinado público, seguramente.

«Este es mi hijo ilegítimo», dicen los titulares.

«Yo quiero tener un hijo pero sin que eso me exija el matrimonio. ¿O es que no puedo satisfacer mi deseo de maternidad?», se preguntan otras populares estrellas, desde las portadas.

Efectivamente, hay un tipo ya de española que está preparada, y también dispuesta, para tener «su» hijo, casi, casi, sin parirlo...

La sensualidad del parque, del cine, de la reja, del motel...

QUÉ sentimiento depravado o malévolo brotará realmente del corazón de la española para sentir tanta repulsión ante una escena romántica o amorosa, que frente a ella está viviendo otra española, a la que ni siquiera conoce, y a la que a partir de esos instantes ya odia profundamente?

Cuando a su lado se cruza una pareja feliz, donde la mujer es cortejada, galanteada o abrazada complacientemente, la española no puede controlar ni reprimir ese íntimo sentimiento para el que realmente tampoco encuentra justificación.

Es posible que junto al odio que nace en ese instante pase por la mente de la española ese sueño no realizado de vivir, de protagonizar, una escena semejante. Es posible que sólo un irresistible deseo de cambiarse por aquella mujer logre despertar tan injustos pensamientos.

—¡No podrán irse a otro sitio!... —se dice con amargura.

Quizá por esto han sido siempre tan anhelados, pero tan mal vistos, tan mal juzgados, esos lugares públicos donde las parejas españolas intercambiaban sus besos o se comunicaban su amor.

Cada época ha impuesto siempre una forma, una manera y un lugar para cortejar. Durante mucho tiempo, la reja ha sido en España uno de estos «rincones» para el amor, pero donde la española que se sentía amada, acosada por su galante, lograba despertar tantas envidias a su alrededor.

Verdaderamente, el tiempo, que ha transcurrido tan veloz, ha dejado ya viejos y en desuso muchos de aquellos típicos modos de la expresión amorosa que tantas españolas agradecieron, porque venía a ser la única realización que sus sueños románticos lograban alcanzar. Después, la realidad de su amor agonizaba con los días...

Con los felices años cuarenta, las manifestaciones cariñosas del portal, la reja, la era o la ventana, murieron.

(¿Por qué será que los españoles nos empeñamos tanto en llamar, torpemente, «felices cuarenta» precisamente a los años más tristes, más dramáticos, de mayor escasez y penuria, de más dolor y más íntimos resentimientos por los que hemos atravesado los españoles en este siglo de agitaciones?... ¿Tanta nostalgia habrán dejado las ansiedades o las frustraciones de nuestro pueblo en estos años, para que así lo agradezcan ahora nuestros débiles corazones?).

Es evidente que hoy, en muchas de nuestras ciudades, flota un ambiente de sensualidad festiva por las calles, ambiente cada vez más predominante, del que sólo teníamos algunas referencias lejanas que nos venían de las calles de París o Londres, acaso Estocolmo o Nueva York, cuando los primeros comerciantes españoles que salieron nos contaban aquellas extrañas cosas «del extranjero».

En verdad que aquellos romances de reja que vivieron tantas españolas quedan ya muy lejos. Pero por mucho que cambien los tiempos, por mucho que cambien también las parejas, y las españolas, todavía quedará un parque en cada ciudad donde robar furtivamente a las sombras algún que otro beso, o donde arrullar el amor.

La española ha tenido siempre una alta predisposición a eso que se ha llamado, durante generaciones, el «hacer manitas», y que era una manera también casta (generalmente) de mostrarse el amor el uno al otro.

Y la predisposición ha sido más alta cuanto más riesgo ha supuesto. Y el riesgo en nuestro país ha sido también mucho. Primeramente, las españolas de principios de siglo tenían que asumir el riesgo de acudir a hurtadillas en busca de la mano de su prometido cuando la «carabina», que podía ser la madre o la tía, o simplemente la dama de compañía, en algún momento les daba la espalda. El riesgo que suponía el que los novios rozaran su piel, en aquel leve contacto con las manos, incrementaba el placer que ambos sentían. Después, la española de los años cuarenta, que difícilmente se encontraba jamás a solas con su prometido, vivía una extraña y sublime aventura cuando conseguía un momento de libertad y escapaba «a un recado», y el novio, ansioso, la esperaba agazapado en la esquina.

Todavía ha sido muy reciente la dulce aventura de las españolas que podían entregarse a los besuqueos quebrantados y sorprendidos en el portal o en la escalera. Generalmente, a las diez de la noche, cuando la española tenía la obligación de estar en casa, cada portal tenía a su pareja, y entre rumores discretos, y entre momentos inciertos de manos encontradas, a veces sorprendidas por las «buenas noches» de algún vecino, la española ofrecía su boca con temeroso apasionamiento.

Alguna española desafortunada, que jamás había conocido las caricias y los besos de un novio en la hora de la despedida, espiaba siempre por la ventana, atenta a las evoluciones eróticas o livianas de la pareja. Y cuando, por fin, los novios se despedían, dejaba caer los visillos de su ventana y suspiraba:

—¡Qué desvergüenza!! ¡Esta generación está perdida!

Pese a todo, las españolas se han reprimido siempre de cualquier manifestación amorosa pública y sólo las más atrevidas permitían que, por ejemplo, en una cafetería, el novio les diera un beso a hurtadillas, mientras el camarero servía el café en la última mesa. Y luego, cuando las formas fueron de alguna manera cambiando y cuando algún estudiante que había pasado sus vacaciones en Francia se atrevía a besar a su novia en la calle, en el encuentro o en la despedida, lo más probable era que apareciese un guardia «cazaenamorados» y les impusiera una multa, excitándole los rubores a la española.

La influencia de las europeas se ha dejado sentir abundantemente en estas últimas décadas. Porque cuando las extranjeras llegaban a cualquier capital de España tenían el privilegio de poder besar a sus amantes en plena calle y, si acaso, cuando un guardia «cazaenamorados» se les acercaba, bastaba con que respondieran en un idioma desconocido para que terminaran allí todas las represalias. «¡Bah, extranjeros!»

Durante algún tiempo, las jóvenes españolas estuvieron también sufriendo ante una discriminación semejante. La manifestación amorosa desenfadada que veían por algunas zonas céntricas de las ciudades, o por las rutas turísticas, provocaba un grave resentimiento y una envidia desmesurada. La española ha vivido durante algún tiempo con el deseo reprimido de poder sentir sobre sus hombros los brazos de su amigo o de su prometido y de poder sentir el roce de sus labios en algún momento de arrebatado amor, como había visto en las extranjeras. Y mientras no ha podido hacerlo, mientras no ha sabido vencer esos pudores, ha mostrado su irritación frente a situaciones semejantes, que ella, íntimamente, imaginaba de lo más reconfortantes y placenteras.

A base de tímidos intentos se fueron cruzando barreras, de forma que hoy es normal que una joven española, evadiéndose de cuanto sucede a su alrededor, aislándose en la intimidad de quien la acompaña, se entregue a los besos o a las caricias de su pareja en cualquier parada de autobús, en cualquier paseo céntrico, o en cualquier acera.

Pero este comportamiento de la española de hoy, que naturalmente provoca reacciones contrarias en cuantos a su lado pasan, viene a tener la misma significación que cuando la española de ayer, a hurtadillas, en la mesa camilla de la casa de la novia, mientras progresaba una torpe jugada de parchís, en la que iban de compañeras la madre y la tía, la pareja trataba de rozarse las rodillas, o acaso de aprovechar la caída de un dado o de la ficha para enlazar sus manos nerviosas, a la altura de las sillas.

Pese a todo, pese a la evolución que se palpa, y a la aceptación social del beso de la pareja, todavía siguen siendo frecuentes las noticias que llegan a las redacciones de los periódicos notificando la multa de un guardia por inmoralidad pública a una pareja que se regalaba un beso en cualquier acera. La diferencia con otros tiempos es que ahora siempre hay un columnista dispuesto a romper una lanza en favor de la pareja y de su aventura, haciendo preguntas capciosas o sinceras a la sociedad española, sobre si va a consentir ahora manifestaciones de violencia, de odio y de desprecio y a tener la osadía de abortar una manifestación inocente y simple, casi enternecedora, como es el amor de una pareja.

* * *

Sin embargo, no queremos desvirtuar los verdaderos sentimientos, o el auténtico comportamiento de la española. La realidad, a veces, no es tan casta. Porque, a pesar de los tabús y represiones que socialmente ha vivido la española, su sexualidad también ha sido evidente y su propensión a la satisfacción, de alguna forma natural. Podemos decir también que la española ha observado, generalmente, un comportamiento cínico ante sus íntimos problemas del sexo.

Toda española sabe, como todo ser, que su comportamiento social está muy lejos del verdadero comportamiento que ella ha seguido ante determinado grupo o individuo. Es frecuente, ha sido siempre frecuente, la imagen de la española recatada, casta e incluso mojigata, ante quien el círculo familiar se reprimía en todo tipo de manifestaciones, pensando que se le podía causar un cierto «daño a la niña». Pero luego resultaba que «la niña», fuera de ese círculo familar, llevaba a unos extremos insospechados sus sentimientos eróticos o sus juegos amorosos.

Ha sido tan fingido el comportamiento de infinidad de españolas que muchos padres podían decir con orgullo (y dicen todavía) «no; eso mi hija no lo hace. Si la vieras...».

Y podía resultar que un día, efectivamente, vieran a su hija como aquel padre jamás hubiera sospechado, ni jamás entendería. Pero el cinismo sensual o sexual de la española no tiene vigencia sólo de cara a los padres, ni de cara a los hermanos, ni de cara a la tía. La española ha tratado de ocultar siempre sus impulsos, sus deseos y sus devaneos amorosos, incluso a sus más íntimas amigas. Un tipo de española que se ha dado con frecuencia en lo últimos tiempos (quizá ahora no tanto) es el de esa joven a la que sus amigas tienen como «algo diferente». Es la española que censura un chiste verde, un comentario relativo al sexo, que critica con dureza la frivolidad de otras amigas, que no puede admitir que una mujer permita tales cosas de un hombre, «aunque vaya a casarse con ella», que se siente —de cara al grupo— por encima de las sucias cosas del sexo, por encima de todo voluptuoso deseo y que sin embargo...

—Chica, ¿a que no te figuras a quién he visto? Pues a fulana en tal sitio, que estaba que se la comían a besos...

—¡No me digas!

Ha llegado a tales extremos ese cinismo clásico femenino que, en ocasiones, una hermana ha robado el novio a la otra, precisamente porque la una, que parecía guardar siempre una conducta más reservada, sin concesiones a la frivolidad y que hasta parecía que iba para solterona, íntimamente estaba dotada de una hipersensualidad que no consentía en confesar, pero que la llevaba a ofrecerse de una forma más sensual que la otra. Y ante la alternativa, y teniendo en cuenta el fingimiento a que ya obligaba la hermana, el novio proseguía un juego interminable, haciendo el amor con la una, pero siendo novio de la otra.

Si no ha ocurrido tanto con hermanas, sí ha sido más frecuente entre las propias amigas. Infinidad de españolas que jamás han consentido que el novio se «pasara de la raya», han sido más fáciles para otro hombre que, ocasionalmente podía ser el novio de una amiga, a la que también tenía que respetar como novio, pero con el que ella podía permitirse libertades amplias, porque no llevaban a nada.

De la misma forma que en el anterior capítulo, cuando veíamos la virginidad de la española, decíamos que todo el sentido de su virginidad estaba concentrado en el himen, podemos añadir ahora que toda esa represión sensual de que hacía gala la española, a veces tan fingida, y que, realmente, mostraba siempre un comportamiento muy diferente con el hombre elegido, en especial cuando este hombre era el novio, o podía llegar a serlo, y cuando las esperanzas de su boda se distanciaban, no sólo por las conveniencias y las exigencias sociales, sino porque así lo imponían las escasas posibilidades de cualquier mediana economía y la liberación económica que necesitaba alcanzar toda pareja.

También es verdad que las españolas han sido siempre, por ese sentido de la servidumbre y de la entrega al macho, mujeres con problemas de medida en la comunicación sensual con el hombre. La española sabía, porque así la han educado, que ella no podía, en absoluto, hacer concesiones sexuales al novio. Sin embargo, luego se encontraba ante una contradicción que la aturdía: de un lado la necesidad, su propia necesidad de comunicarse y de responder a unos impulsos exclusivamente sensuales, que sin ninguna duda imponía la propia situación y que, además, recomendaba la conveniencia de que la pareja se encontrase bajo los mismos impulsos, y de otra parte, la contradicción de que mientras el hombre, el novio español, requería una cierta entrega, una reacción favorable a sus exploraciones amorosas, ésta no debía ser tan generosa porque, por contrapartida, el novio español (que tenía en su mente la idea de una mujer casta, ingenua e inexperta para hacerla madre de sus hijos) podía malinterpretar precisamente una entrega excesiva, aunque timorata.

Muchas españolas han perdido (en otros tiempos) su novio porque ellas no respondían sensualmente a sus peticiones.

«Si no me besas es que no me quieres...», podía decir un novio español ante la constante inhibición de la española.

Y otras tantas lo perdieron precisamente porque demostraron en exceso que le querían. Y entonces... el estúpido novio pensaba:

«Si hace esto conmigo, si no se me resiste, es que lo puede hacer con cualquiera». Y también acababa en ruptura. Con esos dos temores ha tenido que sostenerse durante años la mujer española, y si a ellos sumamos ahora toda su íntima y profunda problemática en materia sexual o amorosa, podemos entender fácilmente las inmensas consecuencias que se han derivado de todo ello y el grado de insatisfacción en que vive sumida, sexualmente, la mujer española.

El pajar, la ventana, la reja, la era, el parque y... el portal.

Esos han sido los «rincones» donde hemos ubicado hasta ahora a la española, desde el área de su sensualidad. Sin ninguna duda, cada uno de estos lugares ha tenido su propia peculiaridad; pero con excepción del parque, los demás quedan relativamente lejos ya.

Y hay, sin embargo, un lugar aún no citado, donde la española de las últimas décadas y aun la española de hoy (aunque en menor proporción) ha desgranado parte de su sensualidad: el cine.

En casi todas las ciudades españolas y sobre todo en las grandes capitales existen unos cines que arrastran una dudosa fama, precisamente porque allí acudían las parejas, más a esconder sus besos y sus caricias, en la oscuridad de una sala, que a seguir la proyección de una película.

Ha sido tan popular y tan aceptada, durante tanto tiempo, «la fila de los mancos», que una pareja de novios que no quería ser allí vista, por evitar comentarios y habladurías, adoptaba una postura de dignidad ofendida cuando el acomodador les insinuaba con la linterna que podían ocupar asientos de la última fila.

Y, realmente, en las últimas filas, las parejas se entregaban a sus apasionados besos y sus apasionadas caricias, cosa que aceptaba un buen número de españolas, mientras estos juegos no llegaran más allá de lo que en su mente consentían.

Pero a medida que las formas han ido cambiando, a medida que la mujer española ha ido progresando en su actitud —aunque no en su comportamiento— el cine, la sala oscura, ha ido perdiendo ese puesto de relevancia que ocupaba en el juego erótico sensual de la pareja. Y a lo sumo, hoy, el cine se queda como el «rincón» donde los adolescentes hacen sus primeras «manitas».

Es frecuente, todavía, entre los más jóvenes, escuchar cómo se selecciona la pareja para ir al cine.

—Esa traga —se avisa el uno al otro, haciendo acopio de experiencia.

«Tragar» significa que efectivamente, entre las sombras de la proyección, la muchacha española a la que se están refiriendo, consentirá primeramente en entregar su mano, después ofrecerá sus labios, quizá temblorosamente, o por el contrario con soltura y... hasta es posible que, progresivamente, mientras la española sigue escalando las murallas de su propia sensualidad, consienta después otras caricias, ante las que dará muestras de su debilidad con claros signos de estremecimiento.

Sin embargo, las jóvenes españolas de hoy, que de alguna manera se sienten más adiestradas, que se muestran como prevenidas ante los rumores de los muchachos de si «traga» o si «no traga», tienen un comportamiento muy diferente y una reacción también muy distinta. Las españolas de hoy pueden establecer, *a priori,* las reglas del juego que están dispuestas a seguir, lo que pueden consentir y lo que no aceptarán de ningún modo. Su comportamiento, por tanto, viene siendo más coherente, y difícilmente se dejan arrastrar a una situación de estremecimiento y de «debilidad», si antes no ha sido aceptada tal posibilidad en su mente.

De cualquier forma, el cine ha sido sustituido casi definitivamente como rincón de expresiones amorosas.

Hoy, la convivencia de los jóvenes, donde la española pone a prueba su sensualidad, se ha desplazado hasta la discoteca y el club. También allí, en el clima favorable que crea la música, no siempre estridente sino melosa, bajo las luces trepidantes de los focos, los brillos y los reflejos de los espejos, se rompen las frágiles barreras de la sensualidad femenina.

Y de la discoteca, el *pub* o el *dancing* se ha pasado al tablao flamenco o al club sudamericano, donde toda sensualidad tiene un acompañamiento meloso, más liberador, y donde la española puede dar una de cal y otra de arena, pasando un día por chica «progre», otro por libertina y otro, acaso, por mujer estrecha, que busca la espiritualidad de la letra y la autenticidad del ambiente.

De todas aquellas represiones que no hace tanto tiempo abortaban en el cine, en el portal o en el parque, se ha pasado a la vivencia del motel, cuando la española que se siente, o quiere sentirse, liberada del sexo, decide (no siempre a tiempo, ni con la madurez suficiente) dar ese paso que la española de ayer jamás habría dado, el paso de «irse a la cama».

Por esa inmadurez tan frecuente, por esa predisposición más febril que coherente, por ese vertiginoso desenfreno al que algunas españolas han llegado, antes de tiempo, ciertos flirteos y algunos romances acaban tan tristemente, rompiendo encantos en mil pedazos y llevando a decepciones profundas que en otros capítulos analizaremos.

Hacia la conquista del orgasmo

PARTÍAMOS de una cifra temeraria: de que la insatisfacción sexual femenina, en España, está cifrada entre un setenta y cuatro y un setenta y ocho por ciento. Y de este inmenso número de españolas que no alcanzan su realización sexual plena, podemos decir que más del sesenta por ciento jamás han conocido el orgasmo.

Pero planteábamos a la vez algo más aterrador: que la mujer española se ha muerto, durante generaciones, sin conocer el orgasmo; que, incluso, había desconocido este derecho a la satisfacción sexual en su matrimonio; que la mujer española no había podido desprenderse de su servidumbre sexual frente al varón; que la mujer española, én el fondo, ignoraba su posibilidad de placer y que su fecundidad, o su alta fertilidad, nada tienen que ver con la verdadera sexualidad. Luego, partíamos de una absoluta imposibilidad para un sinfín de españolas de alcanzar el orgasmo, o sea, el grado máximo de placer en su realización o convivencia sexual.

El rápido, pero intenso muestreo que llevamos a cabo, nos pone en disposición de poder afirmar que no más del veinte por ciento de la población es capaz de utilizar la palabra «orgasmo» en correcto lugar, que otro treinta por ciento ha escuchado o leído la palabra «alguna vez» y que el resto, la mitad de la población, la mitad de las españolas, jamás oyeron la palabra, ni por supuesto, conocen su significación. No quiere esto decir que quien no oyó ni utilizó en su vida la palabra «orgasmo» ha sido precisamente quien no lo ha experimentado. Hasta podría establecerse una conclusión completamente contraria, aunque la realidad no llegue a tanto.

Hay españolas que con el más exquisito y refinado de los cuidados sólo han conseguido reemplazar la palabra «orgasmo» por la palabra «gozo» y ese «gozo», inconsciente o naturalmente, lo han conquistado.

Pero ni de este desconocimiento, ni de esta incapacidad para el orgasmo podemos culpar ahora a la española; ni siquiera son culpables sus exagerados pudores, ni sus extralimitados temores, ni la cantidad o calidad de sus inhibiciones. La española sólo ha sido la víctima de una deficiente y nula educación sexual y la víctima, a la vez, de la ignorancia sexual de los españoles, naturalmente de los hombres.

Porque ha sido el español precisamente quien con mayor profundidad ha desconocido las posibilidades de placer de la mujer; ha sido el español quien ha llegado tarde a descubrir el clítoris y tarde a proporcionar el orgasmo a quien tenía la obligación de satisfacer, en la ortodoxia de las normas conyugales y eclesiásticas más elementales.

A la conquista del orgasmo se llega, exclusivamente, a través del descubrimiento del clítoris. ¿Y cuántos son los españoles que no saben lo que es el clítoris, ni dónde localizarlo?...

Otra cosa es llegar a producir placer a la mujer (al cónyuge) sin que para ello intervenga el clítoris, pero entonces estamos ya ante un orgasmo casual, incompleto y posiblemente inconsciente. Altas teorías de un equipo dirigido por la pareja americana Johnson y Master llegaron a revolucionar la ciencia del sexo cuando publicaron sus resultados y opiniones sobre el mito del orgasmo vaginal. Pero a ver quién convence a un hispano pura sangre, que se siente en el secreto de la expresión sexual, que ha hecho feliz a su mujer más de mil veces y que en cierta ocasión leyó un artículo de divulgación en una revista argentina o venezolana, de que ahora viene a resultar que la vagina no recibe el placer que él mismo ha proporcionado, cuando además él bien lo sabe.

Verdaderamente, hay que reconocer que desde la aparición del libro de López Ibor en España, la obra más recatada y atrevida, a la vez, en materia de sexo, las cosas han cambiado muy favorablemente. Porque López Ibor vino a hablar del orgasmo con toda claridad y soltura, como vino a señalar dónde estaba el clítoris exactamente y cómo manipularlo, dentro de la relación más ortodoxa y más decente.

La realidad (no apuntada anteriormente) es que la española piensa, está convencida, que no tiene por qué sentir más placer. Por esto mismo, hasta podríamos decir que no es consciente de su propia insatisfacción sexual. Sin embargo, cuando un día, inesperadamente, o por la sabia aportación del marido, que lo ha «cazado» en una conversación, o lo ha leído en fuentes autorizadas, lo descubre, llega a decir cosas semejantes:

—Me pareció que hasta entonces no había hecho vida matrimonial con mi marido.

Y a lo mejor resulta que se trata de una española que ha parido y criado a cuatro o cinco hijos, como es el caso real de numerosas españolas con quienes hemos tratado.

—Hasta ese momento no he sabido lo que era placer —decían otras españolas, después de diez y doce años de matrimonio.

Pero había algo más grave: en todo ese tiempo de matrimonio, de relación sexual a un ritmo y una frecuencia genéricamente normal, el marido español estaba convencido de que su esposa gozaba en el acto tanto como él lo hacía. No había manera, tampoco, de convencerle de que había estado todo ese tiempo haciendo el amor «a lo bruto», utilizando el sexo de su esposa como objeto de placer único y personal, permanentemente.

* * *

Hasta hace muy poco tiempo, la española que no llegaba al orgasmo por vía natural, o a través de la experiencia o el encuentro fortuito del clítoris por el esposo, llegaba a su climaterio sin más posibilidad de conquistarlo. Pero, efectivamente, las cosas sí han evolucionado y mucho en lo que a esto concierne.

Cada vez son más frecuentes en la consulta del ginecólogo las visitas de la pareja que, después de intentarlo insistentemente, por desconocimiento, o por otras infinitas razones, no consiguen la conquista del orgasmo, pero son conscientes de las alteraciones que ello supone.

Hoy es la española (más que el hombre) quien decide dar este paso. Todavía le resulta inconfesable al varón el hecho de que su mujer no consiga el orgasmo con él, sobre todo cuando su educación sexual no le ha permitido explorar a fondo las posibilidades de su mujer, o cuando lo ha intentado sólo tímidamente.

Pero el hecho es que ya, hoy, la pareja va al ginecólogo y plantea el problema con la crudeza deseable.

No van matrimonios jóvenes, inexpertos, recién casados o menores. Están acudiendo parejas con más de ocho años de vida matrimonial, con los hijos en Educación General Básica, generalmente, con una actitud muy conservadora ante el matrimonio como institución, pero que se encuentran ante una situación crítica y apremiante, que obstruye su comunicación y que amenaza con una separación inminente.

Y las situaciones de desconocimiento que se dan en cada caso son verdaderamente alarmantes. Después de esos años de matrimonio, después de doce y hasta de quince, el esposo ibérico no había descubierto el clítoris.

Efectivamente, la mujer española sí conocía su clítoris, claro que sí. Incluso sabía que allí se localizaba uno de los puntos más frágiles y sensibles de su constitución sexual; pero ella no podía decirle eso a su marido, ella no podía pedirle, con todo descaro, que allí precisaba de la estimulación masculina, de su activación, para que ella alcanzase el *climax* y ambos llegaran a la conquista del orgasmo. Y así habían transcurrido los años... torpemente.

La ignorancia del español, a veces, se asemeja a la del chiste: cuando la pareja está ante el médico, éste se hace cargo del problema y comienza a explicar cómo debe realizarse el coito, las innumerables posturas, las formas y los diferentes modos de expresarse. Cuando ya la consulta ha terminado y la pareja se marcha, el marido va y pregunta al médico, estúpidamente:

—Entonces, doctor, ¿cuántas veces se la traigo cada semana?

Se refería a la mujer, naturalmente.

* * *

En ocasiones, el español se entera de la existencia del clítoris y de su importancia en la relación sexual con su mujer por puro accidente. Y en ese caso, con su gran poder de asimilación, con su gran capacidad de disimulo, permite que siga avanzando la conversación, como el experto marido que sólo tiene que lamentar lo que a él le ha costado precisamente autoenseñarse. En esa misma ocasión regresa a casa apresuradamente y, sin más palabras, ocultando su descubrimiento, decide explorar en su mujer los genitales, hasta hallar con toda torpeza el clítoris.

Puede ocurrir que entonces, la española tenga dos reacciones diferentes: o bien que obtenga un placer nuevo, real, desconocido hasta la fecha y le pida explicaciones al marido de cómo o dónde ha aprendido él tales cosas, así repentinamente; o bien que le produzca una iritación tal que ya nunca más él se atreva, ni jamás se muestre la española dispuesta a permitir que su marido le estimule el clítoris. Asimismo han nacido otras muchas situaciones de frigidez, que sólo la ignorancia ha prolongado indefinidamente.

Otra de las aseveraciones que podemos hacer es que la española prefiere renunciar al orgasmo para siempre, antes de tener que proponérselo fría y mentalmente, o de tener que esforzarse para conseguirlo. Por eso, sólo una buena y adecuada formación sexual puede venir a resolver el grave problema de las insatisfacciones sexuales en nuestro país.

Si la española recibiera a tiempo esa formación y, por supuesto, también contara con ella el español, se entendería entonces que el fracaso de un primer intento no tiene importancia mayor. Y que la necesidad del acoplamiento sexual dentro del matrimonio exige que se expriman todas las posibilidades para que la realización sexual sea completa y placentera para ambos cónyuges.

No hay que olvidar tampoco que una española que ha cumplido una determinada edad y que ya ha vencido una primera etapa de su matrimonio, como pueden ser los siete o los diez años, no se encuentra psicológicamente en condiciones como para tener nuevas experiencias o hacer tales exploraciones sexualmente que la transporten de una insatisfacción prolongada a la conquista del orgasmo. Lo más frecuente es que esa española venga a engrosar las filas de las mujeres que padecen seudofrigidez y que están condenadas irremisiblemente a abandonar este mundo, o a que su marido lo abandone, sin haber conseguido el placer que su situación y su naturaleza exigen.

Pero muchas lectoras (y también lectores) se estarán haciendo una pregunta fundamental: ¿qué se puede hacer ante el hecho y la evidencia de que tantas parejas no conocen cómo realizar el coito matrimonial correctamente, teniendo además en cuenta que nuestra moral impide la experiencia premarital? Efectivamente, se trata no sólo de apuntarlo, sino de ofrecer soluciones. Pero el propósito de este libro no es precisamente el de ofrecer esas soluciones, el de mostrar maneras de comportarse con acierto y satisfacción sexualmente. No obstante, implícitas entre el testimonio y la crítica, y sus diferentes capítulos, se apuntan algunas de las posibles soluciones. En cuanto a respuestas más profundas, que eduquen sexualmente, existen otros libros, con ese carácter, que vendrán a resolver los problemas en número de millares.

Ni la erotización, ni la pornografía, por supuesto, son las soluciones al correcto comportamiento y a la realización plena de la sexualidad femenina. Precisamente, una sociedad erotizada está mucho más predispuesta a la frigidez de la mujer; del mismo modo que se demuestra que la hipersexualidad del varón en España no ha resuelto el problema femenino, sino que lo ha ido desfasando progresivamente. La obsesión sexual es sólo producto de las represiones y de la acumulación impropia de tantas inhibiciones. Se explica así el hecho de que tanto español lleve el sexo prendido en su mente.

La mujer española, por esa falta de formación sexual que ha padecido, no ha dispuesto de ningún baremo al que ajustar su propia sexualidad. Se da el caso de que las españolas, en general, desconocen en grado supino su categoría o clasificación sexual.

Es frecuente encontrarse con señoras que estiman natural un comportamiento sexual hiperactivo, del mismo modo que es frecuente encontrarse con españolas que piensan que están desarrollando una actividad desmesurada y que advierten con sorpresa la llamada apasionada y permanente del sexo, cuando verdaderamente quizá sólo tienen una actividad y un deseo restringido.

Cuando una española, en un momento de íntima confesión, ante una amiga y en tono confidencial, se manifiesta, puede llegar a decir:

—Mujer, es que yo tengo un problema; tú no sabes lo apasionada que soy...

Y ha llegado a esa conclusión porque la actividad que viene realizando normalmente es de dos coitos semanales; incluso de uno. En la consulta médica, una española típica, en la misma problemática general del país, y después de haber descubierto el orgasmo, también decía:

—Doctor, es que yo soy muy apasionada: yo necesito a mi marido por lo menos una vez a la semana...

(Hay españolas que piensan así.)

Y, por el contrario, también se dan situaciones completamente invertidas. Hay españolas verdaderamente apasionadas, ninfómanas, que tienen el convencimiento de que sus deseos y el ritmo de su actividad son completamente normales. Si ella tuviera que confiarse a una amiga le diría:

—Pues hija, una vez al día es lo normal, según Marañón y según los médicos «progres»... A lo mejor lo tuyo es una enfermedad.

Pero la española no ha llegado tan fácilmente a este tipo de confidencias. Incluso el simple contraste puede ser positivo, a la hora de establecer una medida. Solamente las españolas que han crecido en la postguerra han llegado a entender que, en determinado momento, debe hacerse una confidencia semejante. Y cada vez, la comunicación que estos temas establecen es más frecuente.

Una española de antes, una española de siempre, tampoco hubiera dado nunca un paso por acudir al despacho del ginecólogo o del experto, a conocer las razones de su fracaso sexual. Está bien razonado por qué no lo hubiera hecho. Y hoy, como hemos dicho, sí es más constante.

Un médico de Algeciras se encontró (muy recientemente) ante la confesión de un amigo, que era a la vez una llamada angustiosa. Hacía más de doce años que estaba casado y aún quería mucho a su esposa, a la que también él médico conocía bien. Sin embargo, desde hacía ya varios años, estaban viviendo constantemente una situación conflictiva. Después de mucho preocuparse por descubrir los motivos llegó a tener la certeza de que hacía años que su esposa no conseguía el orgasmo. El era un hombre instruido y también educado en las cuestiones del sexo. Había probado cuanto él conocía; pero todo resultaba frustrante: su esposa seguía sin obtener situaciones verdaderamente placenteras y él estaba llegando a un alto complejo de incapacidad, que le sumía en el malhumor y, por tanto, en la incomunicación con su cónyuge.

Contaba el médico que la señora de su amigo era una dama distinguida, de comportamiento sexual aparentemente normal, muy exquisita en sus refinamientos y con una educación esmeradamente refinada. Pidió hablar con ella y después de mucho indagar sobre sus fracasos sexuales y sus apetencias reales, pudo advertir que lo que la mujer necesitaba era un comportamiento más vulgar del marido, y que, incluso, a la hora de encontrarse amorosamente ante la realización del coito, sus oídos necesitaban una mayor estimulación erótica, de forma que, a pesar de sus exquisitos modales y de su delicadeza, quería escuchar palabras burdas e incluso soeces, frases de burdel, que la estimularían seguramente.

El marido se quedó tan sorprendido que le decía al médico, cargado de temores:

—Pero cómo comprendes que voy a decirle yo a Estela semejantes cosas... Si es que no puedo; si es que toda la vida he actuado con suma delicadeza...

—Pues si no quieres que tu matrimonio se vaya a pique tienes que hacerlo.

Y, efectivamente, una semana después, el amigo llamaba al médico y le contaba el éxito de su nuevo comportamiento.

—Muchacho, ha sido radical: ponerme a decir burradas, que no sé ni cómo he podido atreverme y mi mujer ha caído rendida y hemos simultaneado un orgasmo como nunca. ¡Increíble!

No quiere decir que todas las españolas necesiten escuchar ahora frases obscenas o violentas para alcanzar el *climax* favorable al orgasmo; pero la diversidad sexual que impone cada mujer, exige tener muy en cuenta cada uno de los posibles factores que colaboran en la conquista del orgasmo.

Aunque en un principio dijimos que al orgasmo se llega a través del descubrimiento del clítoris exclusivamente, también hay que tener en cuenta estas posibles exigencias, como el grado de estimulación de otras zonas erógenas de la constitución femenina. Ahí, cada española impone sus caprichos o sus debilidades sexuales.

De lo que no cabe ya duda es de que la evolución de la española ha sido importante en este orden. Desde el momento en que ha roto los tabús y las ataduras que le impedían exponer su problema, desde el momento en que un matrimonio puede abordar con absoluta naturalidad este tema de su sexualidad, las posibilidades de acoplamiento ya son inmensas. Pero el tema del acoplamiento sexual, que a tantas observaciones obliga, será tratado en otro capítulo, más adelante.

Como final de éste sí hay que puntualizar, de una manera clara y positiva, que la española camina ya, afortunadamente, hacia el orgasmo. Que la española de hoy sí tiene conciencia de sus necesidades sexuales y de la importancia de cubrirlas, y que está en franca disposición de forzar cualquier situación, de hacer cualquier tipo de consulta, con tal de que la realización sexual plena de su matrimonio sea una realidad y no se quede en la pura exposición teórica.

Era muy estimulante el chiste de uno de nuestros actuales y grandes humoristas en el que se retrataba a una pareja típica ibérica, que estaba no se sabe si en una escena cotidiana de la lectura del periódico y la calceta, o si se desarrollaba en la cama, pero en la que el marido, experto en todas las teorías de la política, la felicidad, el éxtasis y la farándula, echaba una gran reprimenda a la mujer, llamándola de todo lo peor, con las palabras más cultas, mientras que la española recibía impasible toda esa sarta de palabrería y con gesto de excepticismo, y rematando la escena, le decía al marido, estoicamente:

—¡Marica!

Bastaba. El español no puede aceptar, en ningún caso, una ofensa como esa. Pero en estos momentos, la mujer española, que por una parte acusa su insatisfacción y por otra es consciente de la inexperiencia o la inactividad de su pareja, está llegando a concebir en su mente el momento ese en que, como final de toda disputa, como incitación a la hombría y estimulación de las hormonas, aún a riesgo de cualquier cosa, debe soltar la palabreja y esperar así una respuesta más favorable.

¡Que viene la regla!...

A decir verdad, no tenemos ningún derecho a sorprendernos de que las españolas (o, mejor, los españoles) no hayan descubierto el clítoris a tiempo, cuando se da la circunstancia de que la simple aparición de la regla ha provocado tantos dramas personales, tantas preocupaciones y tantas angustias entre las españolas.

Pocas son las españolas que no recuerdan con abrumadora tristeza aquella inesperada presencia, casi siempre abundante y escandalosa, de su primera regla.

Porque la realidad es que las bellas y hasta almibaradas interpretaciones que se hacen en los libros publicados en España, sobre la importancia de la aparición de la primera regla, como el aviso de la futura maternidad, han llegado siempre tarde a las españolas. Cuando leían estas cosas, ya habían cumplido otros años, ya les preocupaban otras cosas, que precisamente los libros no trataban.

Y las madres españolas no estuvieron nunca dispuestas a aceptar que su hija podía hacerse repentinamente mujer y pasar por el trance de tener la primera menstruación, pese a que para ella siguiera siendo una niña.

Realmente, las excepciones en este capítulo son mínimas. Podemos decir que una mayoría abrumadora de españolas ha vivido del mismo modo su primera experiencia. Unas veces siendo sorprendida precozmente por el flujo menstrual, y otras, viviendo una espera inútil y angustiosa de algo que le iba a confirmar como mujer, pero que no llegaba.

El pudor de las españolas se ha concentrado, también de alguna manera, en algo tan natural como la ovulación periódica de los ovarios. Y siempre esta manifestación femenina ha estado envuelta en España de misterios y de secretos, como si se tratara de una voluntaria y placentera expulsión de las vilezas más íntimas.

Ha sido tanto el misterio que ha rodeado la menstruación de las españolas, que la sociedad ha tenido siempre la prevención de excusar con evidente paternalismo a la mujer en tales días.

«Estar con el mes» significa algo muy peculiar en España. Puede significar, incluso, la justificación de la locura de una señora, o la evidencia de una mayor alteración nerviosa o la clemencia y el perdón por un desvarío, que si no, nadie se explicaría. Incluso se ha convertido en algo peyorativo o en algo insultante:

—Déjala; estará con el mes...

Cuando se quiere decir de un hombre que es un histérico incontrolado, un ser insoportable o, simplemente, repugnante, se suele decir también «que está con el mes».

Y cuando una mujer advierte que alguien que la rodea ha caído en la cuenta de que ella «está con el mes», entonces se ruboriza, lamenta su naturaleza femenina y si la conversación, de alguna manera, prosigue, siente cómo el ambiente la conturba y hasta la asfixia.

En otro tiempo, cuando las españolas vivían estos días que siguen a su ciclo ovárico, se recluían en casa. Era poco menos que indecente salir a la calle, o tener relaciones sociales, cuando algo impuro, como la sangre expulsada a través de sus genitales, manchaba su cuerpo, cuando no su alma.

Pero la aceptación social de la menstruación femenina no ha llegado quizá hasta la aparición del tampón o la compresa, a España.

Todavía las jóvenes españolas que no han rebasado los veinticinco años han recibido esa educación que impedía acercarse al altar para recibir la comunión en esos críticos días.

Los días íntimos de la mujer, los días de su regla, la española adquiría conciencia de su impureza. La regla venía a ser como la llamada franca del sexo, como el aviso de la tentación, del pecado y de la condena. Pero, lamentablemente, por imperativos de la naturaleza, una mujer no podía desprenderse de ese recordatorio constante, durante meses, hasta que no había consumido la etapa más larga e importante de su vida.

La española, en general, recuerda con cuánta cautela debía actuar esos días. En su casa se lo repetían con una inalterable frecuencia: no podía hacer excesos de ningún tipo, no podía mojarse el pelo ni los pies, ni, por supuesto, podía llevar la higiene a sus partes íntimas. Tenía que aceptar, inexorablemente, la condena de ser mujer y de ver cómo, cada veintiocho días, su cuerpo se purificaba.

Los varones de la casa no podían soportar el hecho de que un leve signo delatara que la esposa, la hija o la hermana estaba pasando por aquel trance en determinadas fechas. Incluso en las viviendas donde la dependencia destinada a los servicios (un retrete simplemente) era exigua, la mujer tenía que ingeniárselas como su prudencia le diera a entender para ocultar con todo cuidado los famosos paños higiénicos, que los hermanos pequeños jamás supieron la utilidad que tenían.

Pero, primero, las compresas, y luego los minúsculos tampones, vinieron a revolucionar las costumbres higiénicas de las españolas en sus críticos días. No obstante, han sido precisos muchos años para que la española aceptara las imposiciones de la moda. Afortunadamente, las viejas matronas de Castilla, Galicia o Extremadura ya no tienen que atender ovulación alguna; si no, quizá hubieran acabado boicoteando la venta de los nuevos productos en las farmacias.

Las farmacéuticas sabían, efectivamente, qué mujer tenía más o menos una mentalidad europea, según el producto que la cliente pedía. Y ellas han sido testigos de cómo ha resultado de larga y profunda la lucha por imponer los sistemas más modernos, más higiénicos, más cómodos en definitiva, cuando ya estaban más que impuestos en todas las sociedades europeas.

¿Quién no se ha encontrado todavía en una farmacia, ante el silencio y la actitud delatora de una española que tenía intención de comprar algo, y que la presencia de un hombre le producía desazón?

No es extraño que toda esta cadena de circunstancias hayan influido de una manera rotunda en el comportamiento de la mujer española en torno a su ciclo menstrual.

Realmente, la aceptación de los tampones ha supuesto una verdadera revolución y, de alguna manera, también una cierta liberación. Hoy, la mujer española puede perfectamente tener una actividad absolutamente normal, sin dejar de acudir a ninguna de sus obligaciones o de sus diversiones, teniendo una asistencia constante en su pequeño bolso y sin que por eso nadie vaya a caer en la cuenta...

La incorporación de la mujer al mundo del trabajo no hubiera sido tan natural y tan fácil de argumentar si los expertos no hubieran descubierto algo que reemplazara a aquellos tenebrosos paños que utilizaron nuestras madres y nuestras abuelas, y que, desde luego, todavía utilizan muchas españolas.

Pero, además de esto, la española ha conseguido no cometer más la torpeza de entrar en sus días críticos precisamente en una fecha importante, o determinada, para acabar haciendo la pascua...

—Siempre te pasa igual.

—¡Hijo! ¿Qué quieres que yo le haga?...

La española de hoy, efectivamente, aunque esté viviendo sus días críticos, ya no se abstiene de nada.

* * *

No sin razón titulábamos este capítulo con una llamada o exclamación que es sintomática del susto. ¡Que viene la regla!... española. Porque...

¿Cómo se ha enterado, generalmente, la española de la llegada de la regla? Con susto, siempre con susto; ésa ha sido la respuesta contundente y escueta que hemos recibido.

—Te viene de repente, cuando nadie te ha dicho nada. Y lo más que recibes son las palabras tranquilizadoras de tu madre, que te dice: «No te preocupes, hija; eso es algo natural; significa que ya te has hecho mujer.»

Pero ni nadie la había advertido anteriormente ni son suficientes las palabras de la madre cuando a la joven española se le acaba de venir su ciclo menstrual encima.

La primera reacción de una joven española ha sido siempre la de temor. Algo anormal estaba pasando dentro de ella para que así, de golpe, se la venga la sangre afuera. Y algunas vivían su angustia a solas, pensando que algo grave iba a suceder en su vida, algo que quizá no tenía cura.

Otra de las reacciones a las que se veía abocada la española era a esconder aquello con mucho temor, limpiándolo sin tino y sin norma y entrando al lavabo a horas intempestivas para poder así lavar las prendas con que se limpiaba, y que nadie debía descubrir por encima de todas las cosas. Siempre ha sido un mal síntoma el que una mujer dejara ver por algún lugar las muestras de su ciclo menstrual.

Las madres apenas se han sentido en disposición de afrontar a tiempo el tema. Quizá se haya dado alguna mínima excepción y con explicaciones restringidas.

En muchas ocasiones la regla le ha llegado a la española dentro del internado. Y entonces sólo tenía el socorro de alguna amiga mayor, o precoz, que ya había pasado por la misma aventura. Pero los comentarios, en esa época, son muy curiosos y las españolas lo recuerdan:

—Pues creo que te tiras un mes así... —decían.

—No. Creo que si no te lo cortan, te mueres.

Otras pensaban que se trataba de una simple «descarga», penosa y larga, que toda mujer debía tener, pero que después de tenerla ya se acababa.

—Yo pensaba que, después de un mes así, me lo quitaba ya de encima.

A lo mejor ocurría que la niña, como siempre, cuando menos falta hacía, recibía su aviso de maternidad un domingo de verano, cuando había visita en casa. Y entonces, la pobre, aparecía corriendo por el pasillo, toda asustada:

—Mamá, mamá, que me estoy desangrando...

Era también entonces cuando la madre, muy ufana y orgullosa, besaba con una inmensa alegría a la hija y le repetía:

—Hija, ya eres mujer. ¡Qué alegría, qué alegría!

Y, claro, la niña española nunca sabía por qué había que celebrar aquello ni por qué producía tanta alegría. Ella lo encontraba verdaderamente asqueroso y alarmante, y ahora resultaba que, de pronto, se había convertido en una mujer, cosa que, al parecer, no había sido hasta esos instantes.

Ocurría también que la española concebía la idea de que el tener el ciclo menstrual y el convertirse repentinamente en mujer, estrenando la capacidad para concebir y tener un hijo, significaba algo tremendo. Creía que ya, a partir de entonces, con el simple contacto de la mano de un niño, se quedaba embarazada. Y allí andaba la niña española toda temerosa e impresionada, huyendo de la presencia de los niños, por si acaso iba a resultar que ella, sin quererlo, se quedaba embarazada. Y luego siempre había alguna tía que contaba historias tristes de niñas que habían sido violadas después de su primera menstruación y que habían tenido pequeños monstruos dentro de su tripa.

Lo peor era cuando la regla llegaba en circunstancias más dramáticas, cuando incluso la avalancha inquietante e inoportuna de la sangre podía crear un trauma en la mente de la niña, cosa también frecuente entre muchas españolas.

Por ejemplo, el caso que ocurrió en un pequeño pueblo de Jaén. La niña tiene ahora algo más de treinta años. Recuerda que iba a la escuela, como todos los días, cuando tenía los catorce años. Y recuerda claramente cómo, después de mucho discutirlo con su conciencia, se decidió a robar unas aceitunas negras de un olivo del camino, cuando ya maduraban.

Con gran sentimiento de culpabilidad, reprobándoselo su conciencia, la niña se comió aquellas aceitunas. Y el día transcurrió con una verdadera agitación interior por haber cometido un robo semejante y habérselas comido. Circunstancialmente, aquella misma noche se le presentó a la niña su primera menstruación. Para ella fue muy claro: las aceitunas negras estaban envenenadas y aquello le iba a costar la vida, por insensata. No pudo decir nada a nadie; no se atrevió, y así estuvo pasando los días de su menstruación, con el temor de la muerte y la idea de que también el cielo había intervenido enviando su castigo.

Pero todavía eran situaciones más disparatadas las de aquellas niñas españolas que, ante su sorpresa y su desazón, nunca les llegaba la regla.

Sobre todo en los colegios y en los internados, cuando se enteraban que sus compañeras de doce y trece años habían recibido «aquella visita», ellas deseaban con impaciencia que también les llegara el día, porque eso significaba que iban a convertirse en mujeres y ellas no querían ser menos mujeres que las otras.

Y la regla de la española se retrasaba alarmantemente. Y la niña no sabía a quién acudir, a quién consultar que le diera explicaciones de por qué su menstruación no llegaba. Podía vivir situaciones verdaderamente desesperadas, sobre todo cuando se trataba de una niña retrasada, a quien su período cíclico no le llegaba hasta dos años después que a sus compañeras. Incluso se han registrado intentos de provocar la sangre haciendo hendiduras con una cuchilla.

Hoy, todas las españolas —que ya muestran un comportamiento muy diferente de cara a sus hijas— pueden comentar aquellas anécdotas con la licencia del tiempo pasado; pero no cabe duda que entonces, cuando el problema era acuciante, cuando venía de pronto, o no venía, la española vivía una gran agitación interna, que dejaba sus huellas, huellas que durante algún tiempo eran verdaderamente profundas.

Hoy, también, una española que padezca dismenorrea (dolor intenso durante los días de su menstruación) sabe que no se trata de un castigo por el pecado de la mujer. Las dismenorreas son altamente frecuentes entre las españolas, especialmente en las comprendidas entre los dieciocho y los veinticinco años.

De hecho, en la actualidad la española, ante cualquier irregularidad en su regla, acude al ginecólogo en busca de una solución idónea. Otra cosa son las españolas que un día llegan a la consulta, dicen que han perdido su regla y que ellas «no han hecho nada». Las amenorreas (falta de la menstruación) realmente no son tan frecuentes. Y a veces, ante la cantidad cada vez mayor de españolas que acuden al ginecólogo con la misma consulta, sólo cabe una cierta sonrisa, con objeto de que reaccione la ingenua:

—¿Pero de verdad no has hecho nada, hijita?...

—Que no, doctor; que apenas nada.

Y, ante tal cinismo, tan sólo cabe una respuesta aguda:

—Pues has cogido una infección extraña, hija mía, una infección de espermas que te han dejado embarazada.

Estas cosas también pasan...

Así descubre la sexualidad la española

Un día, la española, cuando apenas ha cumplido los dos años, descubre, efectivamente, la colilla de su hermano en el momento del baño. Y se queda observándola con asombro y tiene la intención de tocarla con sus manos. Son escenas que se dan todos los días entre todos los hermanos del mundo. Y es entonces cuando el hermano, que ya ha cumplido los cinco y comienza a sentir sus pudores, le grita casi histérico:

—¡Sonia, deja eso! Mamá, mira la niña, que me está tocando.

Y la niña, que no sale de su sorpresa ante algo nuevo, recién descubierto, se resiste a abandonar aquel juego que le está permitiendo hacer comparaciones y echar «en falta» su sexo. Pero es el momento en que la española, naturalmente, llega y le grita:

—¡Niña! ¡Deja ya la colilla de tu hermano!

Sin embargo, cuando titulábamos este capítulo sobre el descubrimiento del sexo por la española, no nos referíamos, lógicamente, a esto.

Y tampoco queremos referirnos aquí al descubrimiento de la líbido, abundando en las teorías de Freud, y aceptando que la líbido es parte del ser que ha nacido. Realmente, nos interesa ese momento en que la española toma conciencia de su sexo, descubre el sexo opuesto con turbación o deleite y, consecuentemente con su personalidad, su circunstancia y su entorno, adopta un comportamiento.

Se pierde en la memoria de la mujer española (y también del hombre, por supuesto) el instante en que se produce no precisamente el descubrimiento del sexo, sino del impulso sexológico. Sin embargo, hay una serie de imágenes que perduran en la célula fotográfica del cerebro, que, sometidas a un determinado esfuerzo, pueden llegar a proyectarse para revivir de alguna manera aquellos años de la infancia en que, inconscientemente, pero de forma progresiva, se va descubriendo como realidad el sexo.

Las dos encuestas más famosas del mundo realizadas sobre materia sexual y que abundan en la sexualidad infantil son declaradamente inexactas, por la dificultad que entraña llevar adelante el tema. Se trata de las encuestas de Kinsey y de Ramsey, que incluso, comparándolas, llegan a ofrecer alguna contradicción y, por supuesto, diferentes porcentajes, índices y conclusiones. En cuanto a la teorías freudianas relativas a la sexualidad infantil o a la líbido, en las que no vamos a entrar en absoluto, siguen teniendo vigencia, después de setenta años y estudios posteriores han venido a ratificarlas y a enriquecerlas en cierta manera.

Pero nuestro objetivo es otro, como ya hemos dicho. Y después de someter a diversas españolas al tormento de recordar «aquellos años», y después de haber obtenido importantes declaraciones de padres y educadores, y después de haber observado el mundo infantil en sus ansiedades y en sus juegos, podemos establecer perfectamente una línea de comportamiento general de la niña y de la adolescente españolas ante el descubrimiento del sexo.

Es evidente que la niña española, como cualquier otra niña del mundo, puede llegar a tener una idea absolutamente errónea y deformada del sexo, así como adquirir sus más graves y profundos complejos en los años de la infancia a través de imágenes desafortunadas e inoportunas que pueden quedar gravadas insólitamente en su cerebro.

Puede decirse que por culpa de algo que ya hemos apuntado en capítulos anteriores, como el hacinamiento prolongado en que ha vivido la sociedad española durante lo que va de siglo, existe un número importante de españolas que repudian el acto, o han llegado a odiar al hombre, a través del odio acumulado en el padre, porque en momentos determinados fueron mudas y atemorizadas testigos de escenas de violencia sexual, en las que la víctima era la madre.

Los traumas que provoca el sexo son quizá más difíciles de tratar en la española, porque en absoluto se siente dispuesta a aceptar que su comportamiento sea el efecto de una enfermedad y, por consiguiente, renuncia al tratamiento por parte del sexólogo, especialidad que, por otra parte, aún no ha tenido verdadera proyección en España, siendo un país de acusadas represiones y estando tantas parejas necesitadas de un oportuno consultorio.

Las españolas recuerdan, generalmente, aquellos juegos de la infancia, entre los pequeños amiguitos, en que, nadie sabe con qué asociaciones exactas, el compañero siempre hacía de médico y de marido. Y la niña española, efectivamente, se dejaba auscultar pacientemente, en un recorrido general por todo el cuerpo, del mismo modo que aceptaba o incluso forzaba situaciones en que los niños tenían que dormir como duermen los esposos. Así, entre juegos, inconscientemente transportados a una vivencia meramente sexológica, los niños se descubrían sus cositas y hasta trataban de imitar, de alguna manera, lo que los padres hacían, llegando hasta crear escenas totalmente imaginarias, imposibles de que los ojos de los niños las hubieran captado y su imaginación las asimilara.

Son muchas, efectivamente, las españolas que tienen un recuerdo semejante. Saben que en cierta ocasión, sin poder precisar con exactitud, alguien, alguna persona mayor o algún hermano, la había sorprendido en aquel momento en que en un rincón de la cocina o del comedor el niño le mostraba su colilla y luego le decía a ella:

—Y ahora tú. Bájate las braguitas.

Y la niña, naturalmente, se había bajado las braguitas. Uno de los testimonios directos que recibíamos nos confirmaba cómo, efectivamente, su hermano, de siete años, había llegado en aquel preciso momento, y desde que fue testigo de la escena la tuvo atemorizada y utilizándola «de esclava» durante mucho tiempo, con la amenaza de, si no obedecía sus órdenes, contárselo todo a los padres.

Pero, como puede entenderse, en ninguna de estas situaciones tan generalizadas hay realmente un brote de la sexualidad en la española, brote que no se produce hasta los años adolescentes, en que la niña es víctima de otros sueños, de otros ideales y otros temores, que van acompañados siempre de un estado melancólico y azaroso, con las fantasías de la mente, la vitalización hormonal y los paseos en solitario, o con Bécquer, por el parque o por el prado.

* * *

Naturalmente, el acontecimiento más determinante en el descubrimiento de la sexualidad por parte de la mujer española es precisamente la aparición del ciclo ovárico. Sin embargo, la niña toma mayor conciencia de su feminidad, de su sexo, en el momento en que comienzan a crecer y desarrollarse sus senos. Al menos es la idea que predomina en la mente de las españolas. Recuerda, efectivamente, aquellos años en que esperaba encontrar cada mañana un poquito más dotados de volumen sus incipientes senos.

Hay un tiempo en la vida de la española en que cae en una profunda decepción porque entiende que para atraer las miradas y las atenciones del sexo opuesto es requisito indispensable el armónico desarrollo de su pecho. Y es entonces cuando la preadolescente, que de alguna manera juega ya al coqueteo (secretamente para los padres) con sus compañeros y amigos, se reúne con una íntima para encontrar una solución a lo que está siendo su problema. Y ambas, un domingo, preparadas ante el espejo, deciden ponerse unos pañuelitos bien colocados donde comienza a insinuarse el nacimiento de sus senos.

Casi siempre se corre el riesgo de que a la vuelta a casa los pañuelos se hayan descolocado, pese al cuidado meticuloso de toda la jornada, y que la joven española sufra una llantina fenomenal, que nadie entiende, y que suele terminar en un pequeño ataque de histeria en la cama y sin cenar.

Aunque también se dan situaciones absolutamente contrarias entre muchas preadolescentes españolas. Algunos de los testimonios recalcaban mucho el recuerdo de aquellos años como los de la acumulación de todos los pudores. Precisamente cuando los senos habían adquirido ya una proporción visiblemente notable, muchas españolas sentían un tremendo pudor a la hora de elegir un vestido, una camisa o una prenda que los sobredestacase. Es frecuente, al parecer, que la española adopte posturas más cómodas que elegantes, más de ocultación que de exposición ante unos senos ya prominentes, llegando incluso a adquirir el hábito de encorbarse, para que sean menos llamativos sus recién estrenados encantos.

Incluso muchas españolas, en momentos en que estrenaban un vestido, recordaban todas las historias narradas en el colegio, como el de aquellas niñas que se habían negado rotundamente a ponerse un traje escotado, pese al empeño de los padres, soportando a veces reprimendas y castigos.

Todas esas imágenes de una educación que ya hemos calificado de victoriana y represiva se acumulaban precisamente en el cerebro de la niña cuando su sexualidad era ya una realidad incuestionable. Y la española, que tenía muy clara la posibilidad de su santificación, se enfrentaba con todo ardor a la madre cuando ésta la obligaba a ponerse un vestido que a ella se le antojaba provocativo.

—¡Pero qué vas a provocar tú con eso! —acababa diciendo la madre.

Y la niña que sí, «que sí, mamá», que antes morir que salir a la calle provocando. El sentido de mortificación siempre ha estado muy desarrollado entre nuestras adolescentes, quizá hasta estas últimas décadas.

El hecho es que acaban venciendo los pudores del vestido. Y la española terminaba acostumbrándose al volumen de sus senos, que no siempre tenían las dimensiones deseadas.

La que menos tenía no podía reprimir el deseo de aparecer como una joven bien dotada, porque encontraba que eso era parte del éxito con los muchachos. Así es como comenzaban a proliferar los consejos:

—Dicen que si te untas con un trozo de cebolla puesta al sereno, te crecen...

Y numerosas españolas se entregaban a estos ejercicios, siempre en la impunidad, pero convencidas de que las recetas transmitidas en secreto, que venían de antiguo, necesariamente tenían que dar su resultado.

Hoy, las cosas podían haber cambiado. Sin embargo, la permanente presencia de mujeres bien dotadas en las páginas de las revistas es una incitación constante al ansia del desarrollo de los senos de las adolescentes. La industria de los sujetadores, por otra parte, es una industria potente en el mundo entero y también en España. Y nuestras adolescentes de los años setenta no se resisten en absoluto a la tentación de probar las diferentes formas de cruzados mágicos o de sujetadores con armadura, hasta encontrar una fórmula que acentúe su silueta al gusto de cada una.

Y no parece sino que desde esos momentos adolescentes la española viviera ya pendiente de sus senos. Que tienen, por otra parte, un sin fin de denominaciones. Además de senos, se llaman pecho; y, además, busto; y, además, mama. Y en un lenguaje extremo el pecho se puede llamar «teta» y «deaquí», término del que abusan algunas damas bien dotadas.

Tener mucho o poco «deaquí» es algo que durante todo lo que va de siglo ha tenido primordial importancia en la española. En las páginas de los diarios y semanarios no ha dejado de aparecer jamás un anuncio donde se escondía el secreto para llegar a tener un busto perfecto.

Los anuncios de principio de siglo, que aparecían junto a las cualidades del elixir estomacal, el laxen-busto, el jabón medicinal y los «hipofosfitos salud, el mejor reconstituyente», venían a decir:

Obtendréis un hermoso seno en treinta días, protuberante y duro. Tratamiento científico externo. Desarrolla y redondea rápidamente cualquier seno fláccido... Rehusad cualquier tratamiento interno, peligroso para la salud.

Y en los anuncios más recientes, los que todavía siguen apareciendo en las publicaciones actuales, se dice:

Un nuevo método para transformar y embellecer su busto. En doce días éste será firme y perfectamente moldeado. ¡En realidad, usted no puede disimular sus senos pequeños o fláccidos! Sus vestidos no lograrán mejorar su silueta. No tenga usted la ilusión de agradar a los demás. Es imposible que lo consiga. Mire usted a su alrededor y se convencerá rápidamente. Comprobará que aunque no sea usted la única en lamentarse de su busto (eso ocurre con el 92 por 100 de las mujeres), estas deficiencias perjudican, sin duda, el encanto y seducción de quien no lo posee bien proporcionado.

La diferencia es la que separan setenta años. Naturalmente, el anuncio actual viene hasta a ofrecer un porcentaje de mujeres insatisfechas con el tamaño de sus senos. (¿También?...)

Y junto a los anuncios para que el busto de las españolas se vuelva turgente y aumente de volumen a voluntad, aparecen innumerables soluciones, a través de la nueva gama de sujetadores, de todos los cruzados y todos los rellenos. Claro que, como dice Francisco Izquierdo Navarro, el sujetador (que ha dejado de ser sostén porque venía a desmerecer más a los encantos de toda mujer) no tiene el mismo significado para la española que para el español. Para la española es «algo que sirve para poner»; para el español... «es algo que sirve para quitar».

Es posible que, hoy día, la española que estrene sujetador con una línea moderna, para embellecer su figura, no tenga más remedio que recordar aquellos dos pañuelitos que se puso un día, cuando brotaba su sexualidad.

¿Y el primer beso de la española?... ¿Cómo, cuándo y a quién da el primer beso?

El mundo de la española (como el de toda mujer) se plaga de fantasías. A partir del brote de la sexualidad la española comienza a echar a volar su imaginación y quiere vivir escenas románticas con alguien a quien todavía no le ha «encontrado» una cara. El personaje de sus sueños tiene siempre una semejanza con el protagonista que aparece en sus lecturas. Es de tal calibre el éxtasis que puede vivir la joven adolescente, que se reencarna en toda mujer seducida y enamorada.

De este modo, durante mucho tiempo, la joven española está creando en su imaginación cómo tiene que ser su primera comunicación amorosa, su primer beso. Lo más frecuente es que cuande ese momento llega, la española sienta una decepción, porque difícilmente se alcanzan los factores favorables que ella deseaba.

La aventura del primer beso es, sin lugar a dudas, la primera incógnita que se plantea la mujer una vez que su sexualidad ha brotado. Hoy es frecuente ver a una jovencita que aún no ha alcanzado los catorce años cómo se entrega a un juego de besos con otro compañero de no más edad ni más talla. Ayer quizá fuera distinto. Sin embargo, los impulsos que han experimentado las españolas de todos los tiempos han sido los mismos.

Nos contaba una española de treinta años cómo en su colegio, cuando estaban en la edad de trece y catorce años, hubo un tiempo en que todas las niñas se entregaron a un juego que parecía apasionante. Se trataba de ensayar el beso de amor, para así estar preparadas en el momento preciso y no desperdiciar la ocasión y vivir la experiencia sin saborearlo intensamente.

Una de las alumnas había tenido ya «la suerte» de ser besada por un chico. Y había llegado emocionada. Secretamente, el círculo de amigas se fue enterando, día tras día, hasta que, de común acuerdo, decidieron la conveniencia de ensayarlo.

—Y nos tenías, durante el recreo, en cualquier rincón o en el servicio, ensayando nuestros besos, besándonos unas a otras, cuidando mucho la posición de los labios y la presión de las manos sobre la cara, queriendo dominar cada movimiento y repitiéndolo cuando no salía como la de mayor experiencia había indicado.

Otro de los relatos obtenidos llegaba a mucho más. Una de las niñas había encontrado un novio, un amigo que iba todas las tardes a jugar a casa con ella y con el que se había besado. Hizo relamerse tanto a sus compañeras con el relato que estaba ofreciendo de cómo eran los besos de su novio, que alguna la propuso si no iba a dejarlas a ellas probar también aquello. Y el deseo de transmitir toda su experiencia fue tan intenso que, efectivamente, las invitó a ir a su casa, para que así pudieran también saborear los besos de «su novio». Al parecer, el jovencito aquella tarde tuvo tarea...

Pero, generalmente, la española ha seguido enamorándose de ese personaje adulto, cariñoso con ella o indiferente, que está muy cerca y a la vez muy lejos. Es inevitable que una adolescente se enamore de un profesor, hasta soñar que un día le seduce y acaba en sus brazos.

Dentro de la mente de la adolescente aparecen imágenes que llegan a ser obscenas, cosa que no ocurre más tarde, cuando la mujer ha madurado. Sin embargo, junto a esa necesidad imaginativa nace también una sensación repulsiva, de temor y miedo, que la tiene en una constante desazón y un permanente desequilibrio.

Convenimos con O. Kolle, que ha estudiado profundamente la sensibilidad femenina, en que una joven, a diferencia de un chico, que siente la necesidad de besar a la muchacha que le cae simpática o, simplemente, con la que se ha tropezado, «no puede gozar con un beso si de antemano no se ha sentido enamorada del hombre, de su voz, de su personalidad, de su ternura. La joven debe sentir de antemano que aquel hombre representa algo para ella. Para ella, el beso es el punto culminante de la relación, no el principio de esa relación».

A pesar de todo, lo cierto es que cuando la española se encuentra de frente con su verdadero enamorado, cuando incluso ha traspasado la adolescencia y establece unas relaciones formales, que tienen su fin en el matrimonio, no ha entendido todavía lo que es el beso ni sabe darlo. Eso, naturalmente, no va a ocurrir así ya en las próximas generaciones, ya que el ritmo y la intensidad de los besos de las jóvenes españolas ha progresado notablemente, hasta llegar a lo que muchos califican de desenfreno.

En esta edad está naciendo también en la mujer ese sentimiento tan femenino que es la coquetería, como una simple, pero real, expresión erótica. Y en la medida en que se siente deslumbrada por las actitudes de las estrellas más famosas, ellas tratan también de adoptar posturas y fórmulas de «estrellas seductoras».

Lo que no es inconveniente, a la vez, para que la española, la mujer en general, en esos años tenga impulsos contradictorios, provocando así una primera neurosis, típica de la edad puberal. Por una parte, la joven necesita descubrir la impresión que causa en los hombres, el cúmulo de sensaciones que ella misma ha imaginado; y por otra, se siente temerosa ante las posibles consecuencias.

El juego, con toda seguridad, no deja de ser peligroso. Pero pertenece a los riesgos de la adolescencia y se pierde en el propio desequilibrio del comportamiento.

A los españoles, en general, les resulta difícil establecer el momento en que una joven se entrega al primer beso. Aunque tengamos que decir que nos hemos entrevistado con infinidad de españolas de nuestro tiempo que no habían recibido un primer beso hasta los diecinueve y veinte años, hay que reconocer que la edad actual del primer beso ha descendido notablemente. Si en 1900 una española no conocía el beso hasta traspasados los veinte años, y en 1950 hasta los dieciocho, hoy podemos decir que las españolas conocen el beso desde los catorce y quince años aproximadamente. Las diferencias entre el medio rural y el urbano son escasas, y nulas entre las diversas regiones de España.

Quizá sí se vaya haciendo viejo ese refrán asturiano que preconizaba los riesgos amorosos:

«Besos y abrazos non faen rapazos, pero toquen a víspores.»

Quizá también las españolas de ayer, las españolas de siempre, puedan acusar hoy a las jóvenes de nuestros días de que han dejado de ser coquetas y femeninas. De alguna manera, las teorías sobre el tercer sexo tienen sentido en esta dura acusación que, efectivamente, sí hacen unas españolas a las otras, como queda apuntado.

A pesar de esto, mientras haya un espejo habrá una jovencita española que, en los momentos más íntimos, vigila el crecimiento lento de sus senos, como vigila, traspasado ese momento, el ancho de sus caderas y las curvas de su trasero.

Autosatisfación y homosexualidad: dos tabúes en primer grado

HAY un tema especialmente tabú, no sólo desde una consideración social y española, con toda su carga de prejuicios y de prohibiciones severas, sino un tabú alimentado por la propia actitud de las españolas. Es el tema de la autosatisfacción, más conocido como masturbación.

Por culpa de una excesiva severidad ante el hecho de la masturbación se han creado infinidad de complejos entre las mujeres de nuestro país. Naturalmente, también se han creado esos mismos complejos entre los hombres.

El tema es de tal calibre prohibitivo que mucho nos hemos resistido a incluirlo en el programa del libro; sin embargo, si queremos ser honrados ante el propósito de responder a las formas del comportamiento sexual femenino en España, estamos obligados a tratarlo. Es de tal calibre, que el desconocimiento sobre el tema no tiene comparación, y que las contradicciones de las conclusiones a las que se ha llegado no dejan de ser desconcertantes.

Llegando a una caricatura extrema, por ejemplo, diríamos que cualquier extranjera puede llevar perfectamente en su maletín de viaje un objeto fálico (con las proporciones del pene) y no mostrar ninguna preocupación, ningún rubor ni turbación, aun ante la posibilidad de que alguien en la frontera o en el puesto de aduanas se sorprenda y lo tome en sus manos en actitud descarada o interrogante.

Una española..., jamás. Antes consiente que la tomen por lo que no es, que la ofendan o la ultrajen, que protagonizar una escena semejante. ¡Faltaría más!

La española confiesa que conoce, desde edad muy temprana, la inclinación masculina a la autosatisfacción, en especial en sus años adolescentes y mientras no alcanza la relación o la madurez sexual. Jamás hemos visto reír con más ganas a un grupo de españolas que cuando un humorista popular hacía un gesto muy sospechoso con la mano, simulando que frotaba el pene. Los hombres reían en el espectáculo, pero las mujeres... se desternillaban todas.

Sin embargo, la española tiene la convicción de que ese es un pecado exclusivamente masculino. Y si acaso... que a lo mejor ella ha podido caer en una cierta tentación, pero que, vamos, ni es frecuente ni se dan esas cosas entre las mujeres.

La verdad es que también muchos españoles piensan que ese es un pecado únicamente masculino. Y hasta es posible que en una ocasión, cuando circunstancialmente se enteran, se sorprenden y hasta gesticulan aparatosamente dando a entender que nunca sospecharon tal cosa.

La extranjera a la que nos estábamos refiriendo puede declarar abiertamente, en una conversación que llegue a tales intimidades, que, efectivamente, ella se masturba y que no tiene adquirido ningún complejo de culpa, ni de tarada, ni de perversa. La española, posiblemente, guardará un silencio sepulcral y procurará eludir el tema, aunque eso le cueste tener que narrar acaso otras intimidades. Desde luego, de esto no habla.

También es posible interpretar que la española vive o tiene masturbaciones inconscientes, accidentales o provocadas profanamente. Pero se hace difícil entender que tal situación pueda llegar a generalizarse.

Precisamente por estas cosas se hace más difícil tratar el tema, y porque humildemente hemos de confesar que no hemos sido capaces de desentrañarlo.

Generalmente, las respuestas que hemos estado obteniendo durante la investigación sobre el tema han sido de desconocimiento por parte de la mujer española. Las más liberadas sexualmente, las que ofrecían un comportamiento con menores inhibiciones, confesaban que sabían «de eso» accidentalmente desde no hacía más de dos años, y porque lo habían leído en una revista o lo habían «cazado» en una conversación tenebrosa, en la que, como parece habitual, siempre había un hombre.

Todo esto vendría a confirmar que, en realidad, la española no conoce la masturbación, sino en casos aislados y muy particulares, que podrían ser patológicos.

Sin embargo, desde una perspectiva puramente masculina, se está en la certeza de que la masturbación femenina existe en nuestro país, aunque en grados inferiores y aunque siga siendo considerada social e individualmente la acción como «una cochinada sin nombre».

Por otra parte, tenemos la seguridad también de haber obtenido respuestas sinceras, descarnadas, que negaban todo signo de masturbación. Por supuesto, tampoco es motivo de conversación íntima entre mujeres. Como decíamos al principio, el tabú es de tal calibre, que el silencio en torno al tema parece inexorable.

Todo esto obliga a que utilicemos como fuente, a la hora de comentar y descubrir el comportamiento de las españolas, la única obra importante que sobre el tema se ha publicado en España, y de la que es autor el doctor Ramón Serrano Vicens.

Su obra, titulada *La sexualidad femenina. Una investigación estadística*, ha sido sobredestacada ya por diversos autores y tiene un reconocido prestigio internacionalmente. Ha querido ser como la obra de Alfred Kinsey, sólo que a nuestro nivel, a nivel español. Y en su día, al aparecer, el mismo Kinsey, que tuvo la ocasión de conocerla antes de su edición, felicitó al autor de la misma y la calificó de algo importante y excelente, «el trabajo más completo de Europa», que debía editarse prontamente.

Treinta años ha dedicado el doctor Serrano Vicens a la investigación del tema, y sus resultados son concluyentes.

Para el doctor español, que parte de la misma premisa, de la convicción de que la mujer española no habla del tema de la masturbación, el 83,5 por 100 de las mujeres han realizado este acto alguna vez.

Realmente, no podemos compartir esa cifra tan alta, puesto que, al margen de las declaraciones que hayamos podido obtener, son otros los sistemas de investigación que nos llevan a conclusiones diferentes. Sin embargo, no estamos en condiciones de rebatirlo ni de dudarlo. El trabajo del doctor Serrano Vicens merece todos los respetos y todo el crédito que su larga dedicación ofrece. Podríamos llegar a decir que, quizá por lo característico del tema, se ha encontrado con un mayor número de españolas que practican la masturbación, y eso ha hecho aumentar su índice.

Para este autor, las españolas llegan a la masturbación antes de la pubertad en un 22,3 por 100 de los casos, y 75,7 españolas de cada 100 lo practican antes de los veinte años. Cuando la mujer ha alcanzado los cincuenta y cuatro años, ha practicado el mismo acto en un 83,7 por 100.

(Convendría añadir que la cifra de masturbación en el hombre está considerada más alta y que, según diversos autores, supera el 95 por 100.)

Lo cierto es que las españolas que efectivamente hayan practicado la masturbación como un acto de autosatisfacción, han vivido siempre desmesurados conflictos internos, por cuanto que estaban practicando algo severamente prohibido que, además, provocaba graves males, como enfermedades futuras, frigidez generalmente y ciertas dificultades maternales. Ante esto sólo podemos decir que la sobrevaloración del clítoris puede llevar, de alguna manera, a la frigidez vaginal, pero nada más. No se han advertido, clínicamente, otras alteraciones.

La española, como las mujeres de otros países, otros continentes y otras sociedades, comienza a practicar la masturbación desde la infancia, pero sin verdadera conciencia de ello. No podemos decir que una niña está practicando la masturbación cuando, en sus juegos, descubre que vive una sensación agradable si juega a caballo con la escoba, por ejemplo, o con un objeto semejante.

Muchas madres españolas descubren una turbación especial en sus hijas menores cuando, en pleno discurrir del juego, detectan esos momentos de éxtasis. Y frecuentemente las madres españolas reaccionan con un «¿qué haces?» tan violento, que puede ser el comienzo de otros conflictos sexuales.

Aunque a través de todo el trabajo venimos significando muy claramente que la capacidad sexual de la mujer, de la mujer española, está en la misma línea de intensidad y calidad que la del hombre, conviene tener en cuenta la opinión del sexólogo americano Ira L. Reiss, que dice:

Hay muchas pruebas científicas que indican que la inclinación sexual innata de la mujer es esencialmente casi tan fuerte como la del hombre.

Y abundando un poco más en el tema, tendríamos que añadir también que la masturbación, aunque es un síntoma de inmadurez sexual, e incluso de inactividad, prosigue después de la práctica del coito y prosigue aun por encima de la conquista del orgasmo. Para el doctor Serrano Vicens, treinta y ocho españolas de cada cien casadas se masturban, aunque ya hemos hecho a estos porcentajes nuestras objeciones.

Las españolas de hoy que a base de vuelos *charter* han descubierto Europa y que ya no pueden deslumbrarse con las historias que cuentan los viejos parlanchines que visitaban París o Londres sólo para encandilar a las damas, contando oscuros enredos sexuales, seguirán sorprendiéndose y hasta enrojeciendo cuando en Bruselas, París o Copenhague se paren ante el escaparate de un *sex-shop,* donde con todo descaro y con todo alarde se muestra parte del ingenio universal femenino con verdaderos «chismes» insospechables y excitantes, destinados a la autosatisfacción femenina.

Siempre habrá una exclamación a la española que diga:

—¡Qué cosas! Uy, fíjate, fíjate...

Otro de los tabús de primer orden en nuestro país, en cuanto a la sexualidad femenina se refiere, es el tema del homosexualismo en la mujer.

También para el doctor Serrano Vicens las cifras de homosexualidad femenina en España son altas y destacables. Habla en su ya citado estudio de un 35,8 por 100 de españolas que tuvieron alguna experiencia homosexual, y nada menos que de un 43,4 por 100 de mujeres que tuvieron deseos homosexuales reprimidos.

De alguna forma, la moral española, tan estricta en tantos aspectos relacionados con el sexo, ha descuidado, incluso incitado, tanto al hombre como a la mujer, a las relaciones homosexuales.

Se cuenta en casi todas las reuniones donde se hace alusión a estas relaciones el caso de ese famoso actor español que acudió un día a un hotel del brazo de una señora que no era su mujer, y que le exigieron con malos modos que mostrara su carnet y el certificado de matrimonio, para al final acabar negándole la habitación. Y se cuenta cómo el actor español, que salió muy indignado, volvió nuevamente al hotel acompañado de un hombre y pidió otra habitación, pero advirtiendo:

—Ahora no me la niegan ustedes; pero no saben que es mi novio y que vamos a practicar relaciones homosexuales. ¡Indecentes!

Del mismo modo podrían contarse historias semejantes de famosas actrices españolas, aunque no se hace.

Lo cierto es que jamás hasta ahora (ahora ya sí) se había sospechado en España que dos mujeres podían sostener una relación más que amistosa y en la que se llevaran a cabo prácticas homosexuales. La mujer española ha acostumbrado durante mucho tiempo a dormir acompañada con otra mujer, que no tenía por qué ser la hermana precisamente. Podía ser la prima, la vecina, la amiga o incluso la yaya, cuando había yayas.

La española, hasta hace muy poco tiempo, también ha tenido por costumbre entrar a los servicios públicos acompañada. Y eso nadie lo ha censurado ni lo ha «sacado de madre».

En muchos pueblos españoles, hasta después de los años cincuenta, incluso hasta 1960 (según una referencia concreta) estaban prohibidos los bailes. Una joven española fue recientemente expulsada de la Congregación de Hijas de María porque alguien, ocasionalmente, la había visto en el baile. Y bien, mientras los bailes eran prohibidos, por aquello del agarrarse, dos primas o dos amigas, con evidentes síntomas de apetencias homosexuales, disfrutaban de una total licencia para acostarse juntas por las noches, sin que ello suscitara ni más comentarios ni más sospechas, ni más prohibiciones.

Esos padres severos e inflexibles que no permitían jamás que un joven se acercara a la española, con ningunas intenciones, ni que les llegara una carta, a menos que fuera a casa de la otra amiga, o que en el remite llevara sólo las iniciales, consentían, sin embargo, otras escenas como el constante besuqueo de amigas de la familia, solteras y depravadas, que a cada instante cantaban las cualidades y los encantos de la joven, con alardes nada normales.

Aunque sigue siendo una de las prácticas inconfesables de la española, lógicamente, desde un punto de vista social, las relaciones homosexuales femeninas han sido juzgadas siempre con menos severidad y rigor que las mismas relaciones entre dos hombres.

Cuando la educación sexual en España era más restringida, o totalmente nula, hasta se tenía la creencia general de que una mujer que mostrase una manifiesta actividad, o incluso un comportamiento seudoviriloide, era concretamente una lesbiana, y, por el contrario, una mujer de rasgos femeninos, aunque con un comportamiento meloso y acaso excitante, no podía tener jamás inclinaciones homosexuales.

Precisamente por estas firmes convicciones sociales, la mujer española no ha sabido distinguir nunca en la amiga o en la pariente que tanto la admiraba la realidad de esas intenciones. Pero no ha sabido distinguirlas mejor el español.

No obstante, la homosexualidad femenina es diferente a la masculina en su proyección. Mientras que un hombre con tales inclinaciones difícilmente llega al matrimonio, en la mujer se puede dar (y también en la española) y de hecho se da, la doble situación. Una mujer homosexual contrae matrimonio legalmente y puede convertir, en la más completa impunidad, sus relaciones extraconyugales en homosexuales. Y, naturalmente, y aunque llegue a alcanzar el orgasmo en su matrimonio, obtendrá situaciones más placenteras en sus relaciones homosexuales que en las conyugales. Y, por supuesto, también, aunque muchas españolas lo pongan en duda, una mujer de características homosexuales muy acentuadas puede perfectamente convertirse en madre y, lejos de mostrar un comportamiento viriloide, desarrollar al máximo todos los sentimientos maternos.

Actualmente, entre las jóvenes españolas está mucho más extendida la precaución ante las mujeres homosexuales, del mismo modo que el problema se entiende de muy distinta manera y, de alguna forma, comienza a nacer un nuevo sentimiento, una nueva actitud, frente a estas manifestaciones humanas no naturales.

Incluso hoy se tiene la creencia de que existe un tipo de profesiones, muy típicas de la época, en las que la mujer consigue liberarse más económicamente y donde se las exige o recomienda no casarse, donde, al parecer, los porcentajes de prácticas homosexuales son mayores. No deja de ser una simple creencia entre las jóvenes y no deja de ser, en el fondo, la evidencia de que la actitud entre las mujeres homosexuales ha cambiado radicalmente.

A pesar de todo, entre las españolas de nuestro tiempo sí pueden darse ya situaciones de «olfato», con comentarios semejantes:

—No sé, chica; pero a mí Menganita me da mala espina.

—No, mujerrrrr; si tiene novio y todo...

—Aunque lo tenga.

La embarazada, dentro y fuera del matrimonio

ADEMÁS de una cierta, evidente y manifiesta realidad, el embarazo entre las españolas ha sido como un símbolo o cosa así.

Hasta no hace muchos años, la española era una mujer que desde el momento mismo en que se casaba vivía ya en permanente embarazo; no tanto en situación embarazosa, sino embarazada.

Hay que reconocer también que precisamente el perpetuo embarazo que ha vivido la española durante toda su vida de matrimonio, incluso al rebasar sus cuarenta y cinco años de edad, ha sido una de las causas más desfavorables para que de alguna forma su progresión social fuera más lenta que lo ha sido para el resto de las mujeres de Europa. Con toda seguridad.

La española ha estado siempre predestinada y predispuesta al embarazo inmediato a su matrimonio, a pesar de que había sido educada en la virtud de la castidad. Y como el fin primordial de todo matrimonio era la procreación, la española sentía sobre sí y sobre su hogar la necesidad de engendrar, y cuantos más hijos, mejor.

Era frecuente que la mujer en España envejeciera prematuramente y se viera con una sola finalidad: la alimentación, el cuidado y la crianza de la prole. Todo su ajuar se convertía entonces en pañales, en toquillas, en botitas y en jerséis para los niños, y su ropero quedaba reducido a un vestido de futura (siempre de futura y siempre el mismo) a otro vestido, quizá estrecho y pasado de moda, para después del parto, y a un abrigo de soltera que guardaba y que apenas si tenía ocasión de ponerse. Y no se podía hacer más ropa porque, repentinamente, volvía a quedarse en estado, y... «con esta facha...», decía.

Aunque la media de hijos por matrimonio en España venía siendo de cuatro en los primeros años del siglo, hay que reconocer que las medias son engañosas y que lo más frecuente entre los matrimonios españoles-tipo con una fertilidad normal y sana eran los ocho, los nueve y los once hijos.

Ante esa vejez prematura, el humor agrio que la iba envolviendo necesariamente, el temor a la mortalidad de sus propios hijos, la amenaza de la enfermedad, la penuria que punzaba a la gran mayoría de la población y tantos otros dolores que se ceñían sobre la española, que terminaba por encontrar la casa vacía tras la huida de sus hijos, es fácil entender cuál era el sino de nuestras mujeres. La sumisa, fervorosa y devota mujer española, después de haber sido madre muchas veces, de haber visto a su alrededor la miseria y el dolor, había perdido toda su sexualidad; mejor dicho, jamás la había alcanzado, y había perdido también su rumbo.

Hoy todavía es frecuente encontrarse con españolas que siguen reviviendo aquellos tipos del pasado, de un pasado que está más lejano en las mentes españolas que en la realidad social e histórica.

Por la consulta del ginecólogo siguen pasando mujeres jóvenes, que aún no han rebasado los treinta y siete o treinta y nueve años, en estado de buena esperanza y que han dejado sus otros seis o incluso ocho hijos al cuidado de la vecina. Esta mujer prolífica, inconscientemente prolífica en la mayoría de los casos, que arrastra su miseria en el porte clásico de la triste embarazada, nos ha hecho recordar inevitablemente aquella española de ayer.

Sin embargo, a medida que avanzaba el siglo, la española, que iba tomando conciencia ante la limitación de su único sino, el parir, fue reduciendo su natalidad y confesando, progresivamente, que sus hijos no nacían precisamente cuando ellas los deseaban.

Y así, ante esta toma de conciencia, llegamos a la época de la preguerra y la postguerra. Para estos años, la española ha reducido considerablemente el número de hijos habidos en el matrimonio. Y las parejas que antes registraban hasta nueve y once hijos en el «libro familiar», pese a que algunos reinscribían en la misma hoja oficial sus defunciones, se quedan ahora entre los cuatro, los cinco y los seis cuando mucho.

La familia numerosa es todavía, en esos años que llegan hasta remontar la década de los cuarenta, la familia más clásica de España. Las españolas, que todavía guardan los vestidos de mamá de un parto para el otro, porque saben que ambos están muy cerca, conocen ya cuántos derechos la asisten como madre de familia numerosa y los descuentos que disfrutan en los colegios, en la Renfe y en otros servicios que nadie sabe muy bien cuáles son.

Todavía es el tiempo en que la española prefiere tener a sus hijos (parirles) en su propia casa. Es algo tan común tener un hijo, es algo tan habitual, que también se convierte, al parecer, en una cuestión doméstica. Y la española no quiere salir de su casa para dar a luz.

Por los años cincuenta comienza a vivir el país una profunda revolución. Son los años del «Seiscientos», los años del primer televisor y de la nevera (todavía se llamaba «nevera eléctrica»), del pluriempleo y de las «horas extras» en la ciudad, y del pequeño tractor, el «Dos Caballos» y el «Cuatro-Cuatro», en la zona rural. Algo está cambiando, aunque se sigue hablando del retraso que llevamos de quince años, «o más...», con respecto a Europa. Y la española comienza a descubrir posibilidades nuevas en su propia realización y proyección social. Y la española entra por fin en la cafetería, cosa que hasta entonces no había conseguido hacer, y quiere acudir una vez por semana al teatro o al cine, por lo menos, y quiere pasar unos días de vacaciones en la sierra o en el mar. Y todas estas ansiedades, descubiertas de pronto, que aún son una irrealidad social, pero que ya disfrutan las familias pequeño-burguesas, convulsionan tajantemente el sentido de la natalidad.

Y, repentinamente también, a la entrada de los años sesenta la española, que primeramente pensaba en sus nueve u once hijos, que luego sólo pensaba en los cuatro o cinco, para obtener los beneficios del carnet de familia numerosa, rompe con todo aquello y, pese a que sociólogos del régimen y pastores de la iglesia comienzan a llamarlas cosas nuevas, como egoístas y materialistas, cosas que jamás fueron sus abuelas, por ejemplo, ellas desafiando el riesgo, deciden reducir sus propios índices de natalidad. Es el momento en que la española, antes de la hora de la subida al altar, ya está pensando en la familia ideal, haciendo proyectos para el futuro, y cuando habla de sus probables hijos, sólo piensa en la parejita.

«Vamos a por la parejita», que puede incluso acabar en tres y cuatro hijos también, pero que tiene toda una significación, es la idea de cada pareja y es la respuesta de la española cuando en las primeras encuestas del país se le comienza a preguntar por el número de hijos que quiere en su matrimonio.

En esas profanas encuestas, las españolas de la generación precedente responden a preguntas muy directas, y en una proporción muy alta (dos de cada tres), que no deseaban tener los hijos cuando los tuvieron.

El embarazo ya no supone siempre, necesariamente, una alegría familiar. En ocasiones, cuando el padre recibe la noticia, el gesto se le agría. Solamente en la cinematografía y en las novelas, y excepcionalmente en algunas familias de la clase alta y burguesa, la noticia constituye una alegría auténtica. Lo que no quiere decir que la española de estos años, de esta época renovadora, haya perdido su sentido excelso de la maternidad, sino que se ha llegado a un punto en que la española, como la europea, quiere tener los hijos en las condiciones más favorables y cuando ella estima con realismo que un hijo es necesario o conveniente.

Es también en esta época cuando la española empieza a ver mal, desde el punto de vista puramente estético y quizá social, el embarazo. Y cuando estima que una mujer no debe quedarse embarazada después de los cuarenta años. Con lo cual, la imagen convencional de la española, siempre embarazada, comienza a perder intensidad. Ahora, en la actualidad, es ya frecuente que una compañera pregunte a la española que lleva tres años o más casada:

—Chica, ¿cómo te has quedado embarazada ya?

* * *

Aunque todas las reacciones no son las mismas entre las españolas, como es lógico suponer, podemos decir que durante el embarazo se produce una manifiesta reducción de la sexualidad.

Sin embargo, esta afirmación, que tiene visos de generalidad, puede llevarnos también al engaño o puede parecer que no se corresponde siempre con la realidad que viven las españolas en su matrimonio, que incluso durante los primeros meses del embarazo llegan a multiplicar sus relaciones sexuales con el marido.

Se da el hecho paradójico de que, a pesar de que las apetencias sexuales de la mujer se ven mermadas, el tiempo del embarazo viene a ser para la española como el tiempo de su liberación.

Desde el momento mismo en que la española tiene la certeza de su embarazo, el matrimonio, lo acepte bien o no, lo desease o no, se encuentra frente a una situación de libertad ante su expresión sexual. El temor al embarazo, una de las causas que con más virulencia se imponía a la entrega confiada de los esposos, desaparece. Y esto es precisamente lo que, con toda probabilidad, lleva a la española a incrementar el ritmo de sus relaciones conyugales.

Sobre todo el marido español, que ha visto cómo sus relaciones eran incompletas, cómo difícilmente él disfrutaba de un orgasmo placentero (y aunque sigue omitiendo la posibilidad de placer de su mujer), siente el irreprimible deseo de «aprovechar» esta circunstancia favorable.

—Ahora ya podemos «hacerlo» con toda libertad, cariño.

Y la española, por fin, durante esos primeros meses abandona el calendario y la lotería de las fechas, con todo lo que tiene de dislocamiento mental, de inhibición, para entregarse también con entera libertad al coito, sin las restricciones de la interrupción inoportuna e insatisfactoria. Esto, incluso, es en ocasiones motivo de que la española, durante su embarazo, llegue a descubrir el orgasmo.

De tal manera puede producir este descubrimiento una reacción positiva en la mujer española que, a partir de la conquista del orgasmo, predispone toda su sexualidad para poder aprovecharla plenamente, hasta incluso días antes (y hasta horas) de que tenga lugar el parto.

Es durante este tiempo también cuando, transcurridos cuatro, seis y ocho meses desde la fecundación, y a medida que el abdomen de la española adquiere su volumen, cuando la pareja, por imperativos de la nueva constitución femenina, llega a descubrir nuevas formas y posturas para la posible realización del coito. Por tanto, es una época en la que aquellas españolas que, gracias al favorable comportamiento del marido, se van despojando de tabús y de inhibiciones, y van conquistando confianza en su expresión erótica y en el desarrollo de su sexualidad, pueden descubrir precisamente sus posibilidades sexuales y disfrutar de un largo aprendizaje, que luego tendrá aplicaciones más satisfactorias, durante relaciones normalizadas, y pese al temor del embarazo.

Por encima de todo lo indicado, son muchas otras las reacciones que padece la española en los meses de su embarazo. De la misma forma que un día determinado siente una profunda alegría por el hijo que tiene en sus entrañas, al que busca sus latidos con la mano sobre su volumen, o sus movimientos de pies o manos, y quiere con todo empeño que su marido también participe de los movimientos, puede suceder que veinticuatro horas después sienta las incomodidades del feto y una cierta contrariedad por la prolongada situación que tiene que vivir o, incluso, por los temores que imagina va a padecer en el parto. Pasa de un estado a otro con verdadera facilidad.

Asimismo, entre las españolas embarazadas las hay que persiguen el coito por esa libertad descubierta, de la que hemos hablado; como las hay que rehúyen al marido, sospechando que si «ahí dentro hay algo», las relaciones sexuales no pueden ser buenas. Puede darse el caso, inclusive, de que, a partir de determinado mes, la española sienta repugnancia por realizar el coito con su marido. En unas aumenta el deseo sexual, y en otras, que habían tenido anteriormente relaciones satisfactorias, que habían descubierto el orgasmo a su tiempo, ahora les asalta una sensación irreal como de que no encuentran el placer en el coito y tratan por todos los medios de reducir hasta lo posible los contactos con su esposo.

Otra de las cosas que tiene muy bien observada la española es que durante su embarazo, especialmente si es española adaptada a nuestro tiempo y ha sido capaz de ampliar su ropero y de mostrarse también elegante, pese a sus características justificadamente voluminosas, es que en la calle, entre los españoles comunes, con ciertos signos de vulgaridad, va provocando reacciones que antes ni siquiera había provocado, y que es objeto de sucios comentarios que llegan a comprometer su honor. Es probable que el español, ante la evidencia de un embarazo en una mujer desconocida, asuma la certeza de que esa mujer ha tenido y tiene relaciones sexuales y, por tanto, se siente en no sabemos qué derecho de poder expresar pensamientos que en ocasiones normales, o comunes, no haría.

Quizá se halle aquí también la clave del pudor que asalta generalmente a la española de exhibir la curva de su vientre, aunque en su intimidad se sienta muy orgullosa del hijo que va a traer al mundo.

También es verdad que hay españolas de raza, desafiantes, que ante el orgullo de traer un hijo desde sus entrañas sienten incluso la complacencia de mostrar «su bombo», como se define a lo ibérico, y en la calle, o en cualquier local, adoptan posturas cómodas, autosuficientes y placenteras, hasta el extremo de querer asombrar o epatar a las demás señoras.

El refrán popular viene a abundar en esta situación al decir: «La vida de la preñada es bien privilegiada.» Aunque es posible que tuviera vigencia en otros tiempos, cuando la española preñada, como dice el refrán, tenía, además de los privilegios de obtener el asiento en los transportes públicos o los lugares de preferencia en las aglomeraciones sociales, otros tantos beneficios, como el de la abundante y exquisita comida en los tiempos llamados del hambre. Para una embarazada siempre había un buen pedazo de jamón en cualquier despensa.

—Tú ya sabes, hija mía; lo mejor, para ti, que ahora tienes que alimentar a dos.

Sin embargo, la española de hoy, que quiere conservar su línea después de la maternidad, y que incluso ha recibido el consejo de su ginecólogo de que cuanto menos pese el niño más fácil será todo, se resiste a comer para dos.

* * *

Otra cosa muy diferente es cuando la embarazada española no es mujer casada. Y otra cosa muy diferente era...

Hoy ya podemos hablar de la madre soltera. Hace unos años, muy pocos, aun después de que el bikini se asomara a nuestras playas, no existía esa definición como tal. El lector ya sabe que la definición era otra bien distinta, muy simple, de cuatro letras, que empieza por «p» y termina por «a».

Lo que por una parte era excelso, sublime, desmedido, como la maternidad —por supuesto, dentro de lo legal, dentro del más legítimo matrimonio—, por otra parte, fuera de él, y aunque la española hubiera sido engañada, o aunque estuviera en puertas de ser redimida por la iglesia, era castigada con la máxima severidad, sigue siendo castigada con toda severidad.

Hay mujeres españolas que vivieron con pánico su maternidad precisamente porque habían sido embarazadas fuera del matrimonio, antes de tiempo, en condiciones inoportunas.

En la mente de cualquier española se guardan todavía aquellos recuerdos de la amiga que, desafortunadamente, había caído rendida ante un amor, o más torpemente había sido seducida por su novio, y se encontraba ante la dolorosa situación de tener que comunicarlo en su casa. ¡Y cómo lo hacía! Y lo que era más difícil: ¿quién le daba consejo?

Si noveláramos de alguna manera este trabajo, tendríamos que decir que cuántas españolas «se perdieron» precisamente por convertirse en madres antes de tiempo... Pero no lo estamos novelando: testimoniamos simplemente hechos y acontecimientos derivados del comportamiento de la española y derivados de la actitud social ante el propio comportamiento de la mujer en España.

Y lo cierto es que la española de otros tiempos que tenía la gran desgracia de concebir un hijo fuera del matrimonio tenía que abandonar el lugar donde vivía, la casa de los padres, si no quería sucumbir o ser lapidada, como en los tiempos bíblicos.

Los prostíbulos, en otros años, se llenaron entonces de españolas decentes, ingenuas y confiadas que luego dejaban de serlo, que habían sido engañadas a destiempo y con funestos resultados. Todavía hoy la española (que mentalmente acepta la posibilidad de quedarse embarazada) piensa que la mejor y quizá la única solución ante tal hecho sigue siendo el abandono silencioso y urgente de la casa de los padres. Y todavía hoy sigue siendo un refugio para muchas madres prenupciales la barra o el bar americano.

A pesar de todo, hay que reseñar que el cambio de actitud y de mentalidad producidos en nuestro país en los últimos años con respecto a las madres solteras ha sido considerable y profundo, aunque tantas cosas se hayan quedado en meras exposiciones y reconocimientos dialécticos.

Hasta ayer, la española que había pasado por el trance y la desgracia de tener un hijo, si era capaz de afrontarlo, renunciaba para siempre a la conquista de un hogar decente y seguro, y hasta había situaciones en que un simple descuido, un ligero pecado, que, por supuesto, no le había producido ningún placer y que tan sólo dejaba un recuerdo, era la tumba de su verdadera sexualidad. Seguramente, si lamentaba aquel acontecimiento, si tenía remordimientos y temores, si se despreciaba por aquello, era capaz de vivir apartada, sola, con su hijo, todavía ocultándolo, despreciando a los hombres, resentida con la sociedad y con las costumbres hechas leyes, y con todo su entorno.

Hasta que de alguna manera cambiaron las cosas, y ahora hasta parece que se ha llegado a poner de moda el embarazo antes de tiempo. Las revistas del corazón lo están diciendo semanalmente. Como ya apuntamos anteriormente, las estrellas, las cantantes, las divas, pregonan ahora sus ansias de maternidad, fuera de todo matrimonio, y hasta comienzan a sacar a la luz a esos hijos ocultos que tuvieron en sus años mozos, que durante mucho tiempo fueron su secreto, y con quienes ahora se fotografían cuando ya algunos están en los años del afeitado. Al parecer, está de moda todo esto... Y cuando no es así, se dice con orgullo que ellas van a tener un hijo, y que lo que menos importa, precisamente, es el padre, porque lo que de verdad tiene importancia es su convencimiento de que el hijo tiene derecho a la vida y de que ella tiene derecho a alentar su maternidad, aunque no haya habido matrimonio legalizado.

Efectivamente, y lejos de las historias que aparecen en aquellos semanarios gráficos que se dedican a desmesurar estos sucesos humanos, existe un nuevo comportamiento real de la española ante el hecho de tener un hijo.

La última generación de españolas quiere asumir la responsabilidad de su maternidad, en cualquier circunstancia y en cualquier momento, aunque no por esto deja de seguir mostrando, generalmente, el deseo y la necesidad de tener sus hijos dentro del hogar creado por su matrimonio.

Puede darse un tipo muy especial de española, que suele haber rebasado los treinta y más años, que si de alguna manera ha renunciado al matrimonio, sienta deseos de maternidad sólo por el hecho de serlo y de tener a alguien de quien ocuparse con todo cariño de madre. Y esa española, entonces, ante semejante circunstancia, asume no solamente su responsabilidad, sino su derecho, con conciencia y racionalmente, pese a que la sociedad le siga poniendo inconvenientes y pese a que un día llegue a lamentar haber tenido un deseo desviado fuera de la norma y el sistema establecidos.

Sin ninguna duda, y contra lo que pueda parecer por manifestaciones convencionales, hoy los matrimonios españoles reaccionarían de muy diferente manera ante la evidencia de una hija que les viene con el «regalo» de otro hijo, que, aunque no haya habido matrimonio por medio, se convierte automáticamente en nieto. Estos casos ya se están dando. Sin embargo, la actitud de la española ante el acontecimiento, cuando se trata de jóvenes que viven en el hogar de los padres y que moralmente dependen de ellos, sigue siendo la huida.

—Yo, a lo sumo, pondría una carta, al cabo de los días, explicando por qué me he ido.

Otras muchas ni siquiera pondrían una carta explicando las razones, limitándose a anunciar que se habían marchado y que nadie las siguiera buscando.

Cuando ocurría lo mismo hace no más de veinte años, las amigas de la española que había tenido el desliz, las verdaderas amigas, se mostraban muy preocupadas por encontrar un remedio.

Así, era frecuente asistir a espectáculos extrañísimos, entre las españolas, porque alguien había dicho que si se tiraba repetidamente desde un lugar alto, o si tenía una violenta caída, se provocaba con toda naturalidad el aborto. Y la española ingenua, que no dejaba de llorar a escondidas, se subía una y otra vez a la mesa camilla, desde donde se tiraba hasta cien veces si era preciso, buscando el remedio que la habían recomendado, pero que no resultaba.

Las soluciones caseras contra el deseo de tener el hijo eran tantas como los remedios caseros que prometían la fertilidad. Y las españolas se los transmitían en absoluto secreto. Y durante días, la española probaba todo, desde introducir en sus genitales una cucharilla de café (tenía que ser de café) hasta pinchar el feto con una aguja de punto. Verdaderas carnicerías se armaban en otros tiempos, atentando contra todo, por no asumir la responsabilidad de «atentar» contra la moral y las buenas costumbres de una época tan larga como significativa, que nuestro país sigue viviendo.

Al parecer, también los rabos de perejil eran una solución y un remedio contra el nacimiento de un hijo. Pero, al final, se terminaba provocando una gran hemorragia, que ponía en peligro la vida de la española, el feto seguía su curso y todo el mundo acababa enterándose de lo que la joven había sostenido tan oculto y en tanto secreto.

Las fajas, durante ese tiempo de espera, de incertidumbre y de miedos, eran uno de los artículos más socorridos. Y, ocultando su pecado en una faja, muchas españolas llegaron hasta el altar, se vistieron de blanco y luego sorprendieron con la noticia de que venía de camino un niño. Alguna, incluso, tuvo a su hijo el mismo día de su boda, cuando nadie se lo había advertido. Cómo era posible aguantar tanto la respiración y tanto su secreto, sólo ella lo sabía.

El simulacro de la menstruación periódica era aún mucho más sencillo. Había un remedio, al parecer muy extendido, que consistía en sacar una vez al mes los famosos paños higiénicos a la vista de todos, después de haberlos teñido de rojo. Entonces había que dejarse olvidado aquello en cualquier rincón, para que en ningún momento alguien se sintiera tentado de dudar de la honra de la española, que había que preservarla por encima de todo.

Hoy las españolas, que siguen mostrando su repugnancia ante el aborto en la mayoría de los casos, prefieren pechar con las consecuencias. Lo que no es óbice para que cada año aumenten en nuestro país las cifras de los abortos. Y se dan también, en determinados sectores, soluciones de otro tipo, menos escandalosas, lejos de ambientes sórdidos y de peligros, que sólo tienen el inconveniente de tener que abandonar por cuarenta y ocho horas el país y tomar un avión hacia Londres, donde, cuando menos se lo esperan, se encuentran dos caras conocidas que se sonrojan y se cuentan su mismo pecado, porque llevan un mismo objetivo. A su regreso, el honor suele estar salvado y el problema disuelto, cuando no resuelto.

Desde luego, aún sobrevive una infra-España donde a la madre soltera se la humilla, se la desprecia y se la sanciona porque ha perdido su honra, aunque la honra sea lo que muchos hijos de madres solteras más dignifican. Si no fuera así, realmente habría mucho «hi...», porque, según anuncia una revista muy popular, en España, cada cincuenta minutos nace un hijo ilegítimo ya. Por una simple regla de multiplicar, resulta que son casi veintinueve al día, lo que representan diez mil quinientos hijos ilegítimos en una sola anualidad.

Cómo controlan la natalidad las españolas

La *Humanae vitae* ha sido, sin duda, una de las encíclicas más populares, más polémicas, de los últimos tiempos. La *Humanae vitae* ha evidenciado, por otra parte, la capacidad que tenemos los españoles para —aun siguiendo la norma— colocarnos en un extremo o en otro, lo mismo en religión, que en política, que en amor.

Tanta ha sido la literatura vertida sobre el tema, tantas las diferentes interpretaciones que en nuestro país se han hecho de la tan esperada encíclica de Pablo VI, que a estas alturas la española no tiene conciencia clara, realmente, de la postura eclesiástica que de ella se desprende.

Cuando hemos abordado el tema entre las españolas de hoy, entre las que han cumplido los cuarenta años o están en los veinte, entre las campesinas o entre las estudiantes, siempre hemos recibido la misma pregunta:

—Bueno, pero la *Humanae vitae* ¿permite o no permite el control de los nacimientos?

—Yo tengo entendido que cada matrimonio es libre de tener los hijos que quiera.

—No, lo que la encíclica viene a decir —completaba alguna— es que hay situaciones, circunstancias, en que la pareja puede limitar el nacimiento de sus hijos; de lo que habla el Papa en su encíclica es de la paternidad responsable...

Sin embargo, hoy puede leer la española, en cualquier medio

periodístico, que sólo la contención y el Ogino-Knauss son los sistemas de regulación permitidos por la encíclica, y mañana puede encontrarse con otro artículo o asistir a una conferencia (en la que siempre hay un cura y un médico), por los que, efectivamente, la pareja puede decidir por su voluntad el método anticonceptivo adecuado para la limitación responsable del número de hijos. Y, sobre todo, la española se encuentra ante una avalancha informativa de la que se desprende la falsa y egoísta irresponsabilidad de la paternidad responsable y la peligrosidad manifiesta de determinados métodos anticonceptivos, especialmente los anovulatorios.

Esta es, en realidad, la incógnita de la española en estos momentos; sin que por ello dejemos de decir que, a medida que la década de los setenta se va venciendo, la mujer española va mostrando una predisposición mayor al control de los nacimientos y a la aceptación de los diferentes métodos.

Pero aquí no vamos a despejar la cuestión de si es lícito o no el control de los nacimientos, porque en ningún momento ha sido ése nuestro propósito. Precisamente estamos huyendo, en cada capítulo, de sostener teorías o posturas teorizantes, ni siquiera valorativas. La evidencia de la que partimos, el testimonio que ofrecemos, como parte del comportamiento sexual de la mujer española, es que, ciertamente, nuestro país participa activamente del control de la natalidad y cada vez en más alto grado, así como de que la española de hoy, la que ya ha sido madre recientemente y la que está a punto de serlo, acepta sin ningún reparo alguna de las formas de limitación o control de los nacimientos.

El «vamos a por la parejita» que citamos en el capítulo anterior también ha sido ya racionalmente arrollado y superado con una convicción profunda y serena de que los hijos deben venir, según la circunstancia, en el momento en que la pareja lo decida, evitando toda sorpresa.

También es verdad que para la española, aunque lo confunda en su terminología, decir «control» de natalidad no significa limitación de los hijos.

Son frecuentes hoy día las situaciones en que una española, que iba «a por la parejita», cuando ya la tiene formada y crecida decide ir a por un tercer hijo, porque es algo que la ilusiona, la rejuvenece y la vitaliza. Pero sólo se convierten estas circunstancias en positivas cuando la decisión parte de la propia iniciativa de la española y no cuando la fortuna, o la mala suerte, o la desventura, se encarga de sorprender con un hijo que no era deseado.

La española, pues, controla hoy sus nacimientos. ¿Pero de qué forma los controla?

Uno de los especialistas que más profundamente se han ocupado del tema y que con más asiduidad y documentación lo aborda es Juan Díez Nicolás, que junto a Salustiano del Campo, Amando de Miguel y otros sociólogos de la misma escuela han venido a clarificar, dentro de lo que cabe, la realidad de la natalidad en España.

Y una de las conclusiones que viene a sacar Díez Nicolás en uno de sus documentados estudios, precedido de una importante encuesta, es que la española no conoce la distinta variedad de los métodos anticonceptivos, de la misma forma que se muestra muy preocupada por las consecuencias posteriores a la práctica de los mismos.

Hemos podido constatar cómo la española de hoy ofrece una actitud diferente ante los métodos anticonceptivos, antes o después de su matrimonio. Lo que no siempre admitiría una española como sistema en sus relaciones preconyugales, sí lo aceptaría, sin embargo, en las relaciones con su marido, convencida, por otra parte, de que el consentimiento, la aprobación o la prohibición social también varía de actitud como ella misma.

La española quiere menos hijos que ayer y los quiere mejor atendidos. Y aplicando unos sistemas u otros, de mayores o menores garantías, ha reducido las tasas de natalidad del país considerablemente en los últimos años.

Mientras que en 1910, la tasa bruta de natalidad era de un 32,6 por 1000, en 1920 ya lo era de 29,4; en 1930, de 28,2; en 1940, de 24,4; en 1950, de 20; en 1960, de 21,6 y en 1970, de 19,8 por 1.000. Pero a pesar de este descenso paulatino y abundante, sigue siendo una tasa muy elevada con relación a la media europea.

No obstante, y aunque subsista esa notable diferencia con el resto de Europa, podemos dar por muerto también ya ese otro refrán castellano que decía:

«Madre, ¿qué cosa es casar? —Hija, hilar, parir y llorar».

Quizá ya el casar no es parir, como tampoco es hilar.

El acceso de la española al mundo laboral, sus nuevas y recientes posibilidades de profesionalización, han influido considerablemente, están influyendo, en el comportamiento femenino español ante el fenómeno de la reducción de su natalidad.

A esto hay que añadir las escasas posibilidades que tiene aún la española que trabaja fuera de casa de atender a sus hijos, ante la latente escasez de servicios de asistencia para los bebés.

El hecho de que, también recientemente, haya conquistado la española el derecho a un permiso especial de cuarenta días antes del parto y cuarenta días después, además de la hora de gratificación, para atender a su hijo, no es suficiente motivo como para que la española se sienta compensada de su natalidad.

Al parecer, son frecuentes las ocasiones en que la ausencia prolongada del trabajo por parto es utilizada por la empresa como arma en contra de la mujer, que indirectamente se siente perjudicada.

Quizá esta circunstancia sea una de las de mayor peso para que la española que hoy se casa lo haga con el propósito de no tener familia hasta dos y tres años después de su matrimonio y, por supuesto, para aplazar, por más o menos largo tiempo, la concepción del segundo hijo.

Pero el Ogino y el *coitus,* cuando la pareja está más confiada, juegan una mala pasada. Y entonces... la pareja debe aplicar con sabiduría ese otro dicho popular que dice: «con lo que Dios la envía se contenta mi tía».

Según el cuadro establecido por el sociólogo Juan Díez Nicolás, cuyo trabajo referimos, el orden de aceptación de los diferentes métodos anticonceptivos por la española es el siguiente:

Primero, Ogino-Knaus (23 por 100), al que siguen la píldora (20 por 100), el *coitus interruptus* (11 por 100), el preservativo (11 por 100) y el lavado vaginal (2 por 100).

Sin embargo, y aunque la encuesta tenía vigencia en el año 1973, los cambios de mentalidad que se han producido en la española sobre esta materia también han sido vertiginosos. La píldora (de la que trataremos en capítulo aparte), que supuso una clara y total revolución, ha sufrido un notable incremento de su consumo por parte de las españolas, lo que de alguna manera vendría a modificar el cuadro.

El método divulgado por los doctores Ogino y Knauss tiene actualmente un sin fin de detractores entre la población española. Han sido tantos los errores a los que ha sometido a los matrimonios, que una gran parte de los españoles que hoy están en las aulas de la universidad, o en el campo o en las oficinas, además de llamarse Mario, Rafael, Alfonso, José, Adela, María o Carmen, se deberían llamar también «Ogino», en honor de quien les facilitó la vida.

En cuanto al *coitus interruptus* ya hemos señalado en páginas anteriores que aún siendo el deporte nacional más practicado en la cama, tiene en la actualidad muchos detractores, sobre todo entre las españolas que quieren tener una realización sexual auténtica y alcanzar la satisfacción a través del orgasmo.

El preservativo es, al parecer, algo a lo que se opone de alguna manera la sensibilidad de la mujer actual, aunque sea cierto reconocer que todavía tiene una alta aceptación, como método eficaz y, sobre todo, por una cuestión muy simple: porque evita a la mujer toda preocupación, responsabilizando al marido exclusivamente y cargando sobre él toda la iniciativa ante la concepción.

No podemos decir que cada país reaccione de una forma semejante y con una actitud homogénea ante los sistemas anticonceptivos. La peculiaridad social de cada sociedad, de sus costumbres y sus tradiciones, influyen directamente sobre las soluciones contraconceptivas adoptadas por cada uno.

Sin embargo, a medida que un país va escalando en la curva del desarrollo, va aproximándose también a las fórmulas y actitudes de países que industrialmente le preceden. Por esta razón puede ser significativo reproducir aquí el cuadro elaborado por Sheldon J. Segal y Christopher Tietze sobre las técnicas contraconceptivas más practicadas en el mundo y la evolución que están sufriendo, informe publicado por dichos autores en *The Population Council,* que el sociólogo Díez Nicolás también cita en el trabajo ya mencionado, publicado en la *Revista Española de la Opinión Pública.* De dicho cuadro solamente eliminamos una columna, la que hace referencia a la antigüedad del método, por considerar que es algo que conocen y sitúan perfectamente los lectores: (Ver cuadro.)

De la misma forma que la utilización de la píldora ha experimentado una progresión considerable, podemos decir que hay un sector de españolas, encuadradas en el marco de las muy liberadas sexualmente, así como en el más alto nivel económico, que desde hace algunos años vienen utilizando la inyección contraconceptiva, para uno o seis meses, y que también utilizan ya el anticonceptivo intrauterino o «espiral».

Pero, en definitiva, son métodos aún no vulgarizados, costosos de conseguir, que en otros países europeos han ido ya reduciendo el consumo de «la píldora».

El método de la espiral consiste en un pequeño muelle, de plástico y también de metal, que debe ser colocado por un ginecólogo dentro de la matriz. Un hilo colgante sirve de chivato, para asegurar a la mujer que sigue en la posición correcta. Tiene algunas contraindicaciones.

El diafragma es, por el contrario, un método de más sencillo manejo, de goma y flexible, que la propia mujer coloca sobre el cuello de la matriz, lo que impide la entrada de los espermas. Se coloca momentos antes del coito y puede permanecer varias horas después.

Así como el *coitus interruptus* y el ritmo del Ogino-Knauss son los más aceptados por la española, ni la ducha vaginal, ni las cremas espermicidas son métodos utilizados por ella. La crema

CARACTERISTICAS PRINCIPALES DE DIEZ METODOS COMUNES DE CONTROL Y PLANIFICACION FAMILIAR EN EL MUNDO

Métodos	*Facilidad de utilización*	*Eficacia*	*Efectos físicos secundarios*	*Amplitud de utilización*
1. Coitus interruptus	Muy fácil	Baja	Ninguno	Muy grande
2. Lavado vaginal	Fácil	Muy baja	Algunos	Pequeña y decreciente
3. Lactación prolongada	Muy fácil	Muy baja	Algunos	Muy pequeña
4. Preservativo	Difícil	Alta	Muy raros	Muy grande
5. Diafragma	Difícil	Alta	Muy raros	Grande y creciente
6. Espermicidas	Difícil	Muy baja	Muy raros	Pequeña
7. Ogino-Knauss	Fácil	Baja	Ninguno	Grande y decreciente
8. Anticonceptivos orales	Difícil	Muy alta	Bastantes	Grande y creciente
9. Anticonceptivos intrauterinos	Muy difícil	Muy alta	Bastantes	Pequeña y creciente
10. Esterilización quirúrgica	Muy difícil	Muy alta	Algunos	Pequeña y creciente

debe aplicarse a la entrada del cuello de la matriz y la sustancia química que contiene es la encargada de matar los espermatozoides. Sin embargo, el grado de su eficacia es mínimo.

Lo que sí está ocurriendo entre la mujer española es el planteamiento inverso del problema ante el control de los nacimientos:

—¿Por qué no puede ser el hombre el que se inyecte o se drogue?

Y alguna española, más razonable, hasta ha tenido la ocurrencia de decirnos que lo ideal sería que los esposos alternaran el tratamiento:

—Un mes tú y otro yo, ¿te parece?

Sin embargo, habría que decir que los peligros ante la esterilización parcial o periódica del hombre son mayores y, de alguna forma, alterarían posteriormente sus posibilidades fecundantes.

* * *

El futuro, que está muy cerca, sorprenderá con nuevos métodos anticonceptivos, de los que posiblemente la española participará también, a tenor de cómo evolucionan las actitudes, e incluso ante el cambio de la consideración y la conducta social que van a tener próximamente, ante nuevas y revolucionarias manifestaciones. La Iglesia, todavía tendrá que ofrecer ulteriores consideraciones.

Posiblemente, también el hombre adoptará sistemas peculiares para evitar la fecundación, que de ninguna manera le afecten.

Sólo a título indicativo, de cara a lo que serán en un futuro próximo los métodos anticoncepcionales, ofrecemos una interesante relación, incluida en el trabajo citado anteriormente y publicado en *The Population Council.*

Para dichos autores, veintinueve pueden ser los sistemas de control de nacimientos y de utilización exclusivamente femenina:

1. Píldora antiovulante mensual. 2. Inyección antiovulante mensual. 3. Anillo vaginal mensual. 4. Inyección antiovulante de largo plazo (de tres a seis meses). 5. Implantación (intrauterina)

antiovulante de largo plazo. 6. Progestina en dosis pequeñas pero continuas. 7. Inyección luteotrofina de largo plazo. 8. Mantenimiento del *corpus luteum* por inyección de relajante LTH. 9. Preparación oral mensual que cause luteolisis. 10. Inyección mensual que cause luteolisis. 11. Compresa vaginal que cause luteolisis o contracción uterina. 12. Utilización no regular de los métodos 9 ó 10. 13. Píldora antiprogestacional mensual. 14. Píldora antiprogestacional suave mensual. 15. Progestinas previas al coito. 16. Estrógeno o antiestrógeno oral posterior al coito. 17. Agente antizigótico oral posterior al coito. 18. Inmunización mediante antígenos del esperma. 19. Inyección de anticuerpos transferidos pasivamente a HCG. 20. Inmunización mediante proteínas que ligan los esteroides. 21. Métodos mejorados para detectar la ovulación. 22. Relajación de óvulos prematuros. 23. Regulación de la ovulación mediante la utilización de sustancias inductoras de la ovulación natural. 24. Cierre de las trompas reversible. 25. Simplificación de la operación de ligazón de las trompas. 26. Infusión intrauterina de citotoxinas. 27. Preparación oral o parenteral que asegure partos múltiples a voluntad. 28. Determinación del sexo a voluntad por inmunización con antígeno de esperma. 29. Determinación del sexo a voluntad por inseminación a voluntad.

En cuanto a la utilización de sistemas exclusivamente masculinos, los autores también apuntan otras probabilidades:

1. Implantación subdérmica para suprimir la espermatogénesis. 2. Inyección periódica de andrógeno de larga duración. 3. Implantación subdérmica de progestina. 4. Implantación de antiandrógeno para prevenir la maduración epididimal del esperma. 5. Tableta oral de inhibidor sintético de la espermatogénesis. 6. Tableta oral que altere la constitución bioquímica del fluido seminal. 7. Inmunización mediante antígenos del esperma o testis. 8. Cierre reversible de los vasos dilatadores. 9. Ligazón de los vasos dilatadores.

A la vez, de utilización conjunta, y según los mismos autores, habrá también otros sistemas, como:

1. Utilización de antagonistas contra los factores relajadores de gonadotropina. 2. Inmunización con enzimas específicos para

la función reproductora normal. 3. Administración oral de inhibidores químicos de la producción de factores relajantes. 4. Inmunización mediante gonodotropinas purificadas. 5. Administración oral de drogas antigonodotrópicas. 6. Aplicación tópica de feromonas.

Todo esto viene a significar la importancia que puede tener, en un futuro muy próximo, el control de la natalidad, que no tiene por qué significar limitación de los nacimientos, problemas que ya se apuntaban recientemente en el Congreso Mundial de la Población.

Y, como consecuencia de nuevos sistemas, de intensas experimentaciones, «la píldora», la famosa píldora que ha revolucionado durante un tiempo el sistema natalista de muchas naciones, y especialmente de la nuestra, será algo que quedará prácticamente en el olvido y a lo mejor un día, una de las españolas de nuestras próximas generaciones, dirá:

—¡Ah, sí! La píldora; esa cosa que tomaba mi madre, o mi abuela, como un tormento, todos los días, y que cuando se olvidaban de ella padecían tantos sudores... ¡Qué lata!

La revolución de la píldora

LLEGÓ a España por la puerta falsa y de puntillas, cuando iba a cumplir aproximadamente los diez años. Y durante un tiempo sólo tuvo una utilización restringida y clandestina.

Por aquellas fechas, hace ahora como diez años, las conseguían solamente algunas españolas que, por mil motivos diferentes, disfrutaban de privilegios especiales (cosa que en España siempre se ha prodigado). Era un método sobre todo, prohibido, un método anticonceptivo revolucionario, que transmitía todas las seguridades, que destruía radicalmente los temores y preocupaciones a la hora de evitar concebir un hijo no deseado. Por tanto, era materia de pecado.

Lo que nunca se pensó en España de la píldora es que podía ser un método regulador, que había nacido precisamente para eso: para regular la función menstrual de la mujer. Lo que tampoco se pensó es que venía a ser una medicina que, bien aplicada, bajo receta ginecológica, iba a resolver graves problemas de infertilidad, lo mismo que de fertilidad inadecuada. Era, sin más, la píldora *anti-baby*.

Mientras no se popularizó, la píldora anticonceptiva, o la píldora reguladora, estuvo cumpliendo una misión específica: el método liberador de las relaciones sexuales en la sociedad más favorecida. Y a medida que se iba popularizando, los problemas fueron también aumentando.

Pero consistía en un método tan revolucionario que apenas pudo retrasarse su masificación. Muy pronto, la píldora *anti-baby* fue algo de lo que todo el mundo hablaba, aunque muy pocos conocían.

—¿Y cómo son?...

—¿Se ponen en los genitales?

—¿Y todas las noches?... ¿Y si se olvida?

—¿Se disuelven en agua?

Inmediatamente llegó la alarma. Producía tal choque en la mentalidad española, que no se concebía que aquello fuera puro o bueno. Algún mal debía de tener o de provocar. Naturalmente, tenía que perjudicar ...Además, la Iglesia no lo autorizaba. Los más «progres» decían que sí, que aún no se había manifestado la Iglesia, pero que era un método que en su día sería autorizado. Incluso cuando la Iglesia ratificó su postura contra los métodos anticonceptivos, de cualquier tipo, con las excepciones hechas de la continencia, como ya se ha señalado, hubo algunos que quisieron pensar en que no era una postura definitiva, ni mucho menos.

La prensa se ocupó de la «píldora» con verdadera generosidad. Cada día, en las páginas de los periódicos, en las páginas de las revistas, se hablaba de la píldora, de lo que significaba, de su posible aceptación o no, de su moralidad o no. Después, las campañas llegaron a ser de otra índole. En opiniones no siempre autorizadas, la píldora era considerada como un «arma mortal», portadora de numerosas enfermedades femeninas, entre las que se encontraban la frigidez, las embolias y hasta el cáncer.

Las manifestaciones más moderadas venían a coincidir en una misma cosa: que eran muy recientes en el mundo y que, por tanto, no había juicios sobre ella, ni se disponía de una experimentación como para saber si eran tan perjudiciales o no.

El hecho es que, en España, la revolución de la píldora ya se había iniciado. Pero había tenido, generalmente, una aceptación recelosa, además de como algo prohibido, como algo peligroso. No podía ser de otra manera, según lo expuesto.

Las familias españolas se asombraban ante la posibilidad de que la píldora se convirtiera en un arma de la juventud. Y esa reacción aún perdura todavía, porque las cosas poco más han cambiado.

Sin embargo, era entonces, en aquellos primeros años de su aparición, cuando todas las madres españolas conocían la historia esa que se cuenta siempre como cierta, pero que, al parecer, ha ocurrido en todas las provincias españolas.

Es el caso de la amiguita de Suecia, o de Alemania, o de Inglaterra, que viene a pasar unas vacaciones con la familia española. La jovencita se encuentra en España un ambiente grato como no se esperaba, tanto que sus salidas son cada vez más frecuentes y más prolongadas. Al cabo de unos días de estancia, en Sevilla, en Madrid, en Barcelona, en Soria, Toledo o Pamplona, la familia española escribe una carta a los padres diciendo que su niña es ideal, que está muy bien educada, que tiene una alegría arrolladora, pero que ellos tienen el temor de que algo ocurra, porque sale mucho con chicos y... si algo pasara...

Y la familia extranjera, el padre de la chica, según se cuenta en la historia cierta (que, repetimos, ha tenido por escenario todas las capitales de España) escribe una carta a la familia española diciendo que no se preocupen, que la niña puede hacer lo que quiera, porque ha ido «preparada».

Naturalmente, «preparada» significa que la niña ha salido de su casa con una dosis anticonceptiva inyectada, o con las suficientes píldoras para el tiempo que iba a estar en España. Y la situación, la respuesta, mejor, aterra a la familia española.

El problema real se plantea cuando, al año siguiente, esa familia española tiene que enviar a su hija fuera. ¿Qué hacer en tal ocasión? ¿Preparar a la niña también, con su paquetito de píldoras? ¿Atentar así contra la moral? ¿Hablar con la niña muy claramente, exponerle la situación y pedirle que sea responsable, pero arriesgarse?... ¿O mejor, prohibirla ir al extranjero, con aquella amiga y con aquella familia?... La solución ibérica casi siempre ha sido esta última. Y cuando la niña pregunta el por qué, la respuesta es siempre sencilla:

—Porque no, ¡ya está!

O a lo sumo:

—Porque allí hay mucha golfería, hija, y las niñas como tú corren mucho peligro.

* * *

En una encuesta muy reciente sobre la mujer española, realizada por un gran equipo para la Fundación Foessa, quedó en evidencia que para el cuarenta y uno por ciento de las españolas estaba prohibido hablar de la píldora. No se trataba de averiguar quiénes tomaban la píldora, o no, ni quiénes estaban a favor o en contra. Era una pregunta muy simple: si consideraba o no que podía hablarse de la píldora. Y en un cuarenta y uno por ciento la respuesta fue «no».

A ese alto porcentaje hay que añadir el otro no menor de las españolas que piensan, porque están convencidas, que la píldora perjudica.

—A mí que no me digan que eso no hace daño. ¡Lo tiene que hacer!

Esa es la opinión más generalizada entre las españolas. Y, sin embargo, en estos momentos, nuestro país es uno de los que ofrecen un nivel más alto en el consumo de píldoras *anti-baby* de toda Europa. Queda por desentrañar esta tremenda contradicción.

Dado el alto número de píldoras que se consumen actualmente en nuestro país, dada también la actitud de la mujer actual ante la píldora, hay que reconocer que los primeros temores en cuanto a lo que podía o no perjudicar con sus efectos secundarios, de alguna manera han desaparecido. Aunque revistas de divulgación general, sin los requisitos indispensables y sin los asesoramientos médicos necesarios, se arriesgan a emitir sus opiniones sobre los riesgos o no riesgos de la píldora, la mentalización del país es otra y la mujer española no se conforma con esas opiniones, si no encuentra el respaldo suficiente.

Son pocas, no obstante, las que muestran una actitud segura ante la píldora y sus posibles efectos. Y aun las que llevan más tiempo consumiéndolas, aun las que, sin ninguna reserva, han decidido tomarlas bajo su propia responsabilidad, tienen importantes dudas y a la menor ocasión que encuentran asaltan al experto, al médico o al ginecólogo, para que les ratifique, una y otra vez, las posibles, o imposibles, consecuencias.

Del mismo modo que la española desconoce cómo el método más generalizado del *coitus interruptus* provoca en ocasiones alteraciones femeninas, como congestiones pélvicas e irregularidades en los ovarios, además de trastornos nerviosos (más frecuentes en los hombres) desconoce también que a un tipo de mujeres las píldoras, o determinada clase de píldoras, les están contraindicadas. La píldora anticonceptiva presenta algunas incompatibilidades entre mujeres que padecen de varices, que tienen afecciones hepáticas o simplemente problemas circulatorios.

El grave problema que está viviendo la mujer española en lo que respecta a la píldora es que, al ser un método prohibido, pero que se practica, se hace en la mayoría de los casos sin ninguna vigilancia médica, cuando realmente requeriría, como medida preventiva, un examen ginecológico, que decidiría el tratamiento respectivo, según las condiciones femeninas.

El sector económicamente más oprimido es el que mayores dificultades encuentra a la hora de hacerse, cuando lo ha decidido por su voluntad, con la píldora. De forma que ya existe un mercado negro, de escasa importancia, pero que refleja la actitud general de un importante sector de las españolas, donde se trafica con las recetas de píldoras.

Y, por encima de todo, la actitud de la mujer española ante la píldora está influenciada por dos extremos polarizantes: quienes les aconsejan que de ninguna manera tomen píldoras y quienes les dicen que, si han decidido controlar el nacimiento de sus hijos, lo que deben hacer es tomar la píldora, como método más seguro, más completo y liberalizador en cierto grado de las represiones femeninas.

Existen médicos «pildoreros», como también existen curas «pildoreros», que, habiendo entendido lo que representa para la mujer y para la pareja la liberación de la píldora, no ponen reparos en recomendarla y recetarla. Por el contrario, otros médicos se niegan a recetarla y otros curas y moralistas atemorizan a quienes les consultan.

En ocasiones, la española que ha tenido ya su sexto hijo, que quiere poner de alguna manera remedio al embarazo anual, que no puede sostener la economía de su casa, que está viviendo una situación conflictiva con su marido por culpa de los remedios incompletos a su fertilidad y que amenaza incluso con una probable enfermedad, cuando acude al médico en busca de una solución a su problema, cuando incluso le sugiere (porque ya ha oído hablar de la píldora) que le facilite una receta, porque ella piensa que será lo mejor y porque quiere que sea el médico quien se la recete y no andar buscando soterradamente una papeleta que puede facilitarle una vecina, se encuentra con una mirada autoritaria, patriarcal, severa y condenatoria, que le dice:

—La píldora la condena la Iglesia. Si usted o su marido no quieren tener más hijos eso es su problema.

Por estas y por otras muchas reacciones ante las que se ha encontrado la española, ha llegado a establecerse en el país un sistema de verdadera caza y captura de la píldora. Del mismo modo que antes hablábamos de médicos «pildoreros» también existen en España farmacias «pildoreras» y «antipildoreras». La española nunca sabe cómo le va a ir su visita a la farmacia: pueden negárselas, provocándola una gran turbación, como pueden dárselas sin la menor reserva. Es una incógnita.

Pero el tema de la píldora, y dentro de esta revolución que ha producido en nuestro país, como en ningún otro, traspasa todas las fronteras. También es frecuente que en una farmacia ocurran escenas como ésta:

La española, que acude toda apurada, a probar la suerte que tendrá en una nueva ocasión y se da de sopetón con un farmacéutico o farmacéutica que le pregunta si tiene receta.

—Pues la he dejado en casa. Es que está ya muy vieja y... por no traerla...

Y, entonces, estúpidamente, el farmacéutico, o el dependiente, o el mancebo, o quien sea, le dice:

—Es que para mí es una grave responsabilidad, porque yo no sé si usted toma las píldoras porque las necesita o si con ellas va a engañar usted a su marido...

La historia es cierta. Y la historia no es única. Todos los españoles se han convertido, ante el tema de la píldora, en guardianes de la castidad de la española, en vigilantes de su moralidad, en directores espirituales de su vida íntima.

¿Facilita acaso la píldora el adulterio?... Para muchos detractores, sí. Sin embargo, sería muy triste que la fidelidad o infidelidad de la española estuviera condicionada exclusiva y únicamente a una píldora. Pero el tema de las infidelidades de la española es otra cosa, que será tratada en un capítulo posterior y que, por supuesto, no tiene nada que ver con la píldora anticonceptiva.

* * *

Otro de los argumentos más firmemente utilizados por quienes muestran franca oposición a la píldora es el que atañe a la juventud y sus riesgos. El hecho de que las jóvenes españolas pudieran hacerse antes de tiempo con la píldora, vendría a derrumbar los esquemas victorianos de la virginidad, e incluso llevaría, en opinión de muchos, a incitar la sexualidad precoz en las jovencitas, facilitándoles el camino hacia ella.

Como testimonio (que viene siendo nuestro único objetivo) podemos decir que las jóvenes españolas están mentalizadas en favor de la píldora. Son precisamente las españolas menores de treinta años quienes hablan con mayor facilidad de ella, quienes la toman, quienes quieren tomarla inmediatamente después de su boda y quienes conocen, de alguna forma, el secreto (si es que lo hay) de cómo hacerse con ellas.

Recientemente se produjo un robo en unos grandes almacenes, que obligó a los directivos a tomar una medida drástica: el registro de todo el personal de los almacenes. Se cerraron las puertas, después de la hora de salida, y se procedió al registro. En estos momentos ignoramos si lo que había desaparecido lo encontrarían, pero en los bolsos de las dependientas encontraron algo que a muchos sorprendía: el paquete de píldoras. En un sesenta por ciento de los bolsos estaba la evidencia. Por tanto, más del sesenta por ciento de las españolas de esos grandes almacenes las consumían, ya que era preciso añadir las que tenían el paquete en casa, las que aquel mes descansaban o las que estaban pasando por los días de su regla.

Pero el mayor consumo entre las españolas más jóvenes tampoco guarda relación con el conocimiento que se tiene de la píldora. Para muchas, las píldoras *anti-baby* engordan; para otras, adelgazan. Para unas, persiste el temor de los efectos secundarios; mientras que para otras es algo que en absoluto preocupa. Unas españolas estiman que las píldoras reducen la sexualidad, incluso que a la larga producen frigidez; mientras que otras sostienen lo contrario, que aumentan la sexualidad, despiertan el sexo y colaboran al acoplamiento sexual de los esposos.

De alguna forma podemos señalar que, efectivamente, la píldora tiene efectos directos sobre la sexualidad femenina, que puede actuar en ocasiones como mecanismo acelerador, de igual forma que puede actuar de mecanismo de freno. Pero una cosa es cierta: da seguridad al comportamiento sexual de la pareja y permite una entrega auténtica, a la vez que no elimina, de ningún modo, la posibilidad de tener hijos y de formar una familia ideal, incluso numerosa. El hecho es que la española no ha encontrado respuesta a todas sus preguntas, ni siquiera a las que, por ignorancia, no se formula. Pocas son las españolas de las que toman píldoras que saben algo fundamental, como es el hecho aconsejado ginecológicamente de descansar una vez cada tres, o cada cuatro meses, a lo sumo. Como pocas son las españolas que conocen la conveniencia de cambiar de marca cuando otra determinada marca les afecta.

Por encima de todo esto hay que apuntar y reconocer que la revolución producida por la píldora en nuestro país ha sido profunda. Ha marcado una época más en la sexualidad de las españolas. Necesariamente, se debe hablar ya de antes y después de la píldora. Después de la píldora, y aunque haya que registrar todo cuanto anteriormente hemos apuntado, la sexualidad de la mujer española ha progresado y precisamente a través de ella, muchas españolas han descubierto sus posibilidades de satisfacción en el coito conyugal, elevando a un grado racional (y no de sumisión animal) la función de su sexo.

La prevención, no obstante, persiste. Los temores, también. La prohibición está latente. Pero el alto número de píldoras consumidas mensualmente en España es una evidencia. Las españolas de hoy guardan su caja en la mesilla, o debajo de la almohada, para que no se olvide. En muchas casas ha desaparecido definitivamente el calendario y aquellos numerajos y signos en rojo. Todavía es posible que una noche se le olvide la pastilla a la española, y entonces...

—¿Y ahora qué pasa? Se me ha olvidado.

Y a partir de esos momentos, vuelven los días angustiosos: ¿habrá o no habrá fallo? Y la sexualidad vuelve incluso a resentirse. Posiblemente no haya fallo. O, incluso, sí. En ese caso puede nacer un niño «pildorero». Algunas madres temen las consecuencias. Y las consecuencias no se conocen; pero es verdad que también existen niños «pildoreros», aunque el nivel de seguridad de la píldora es el más alto, pero al que fácilmente puede achacarse un fallo femenino.

Como ya apuntamos en otro capítulo, un día, muy pronto, en ese futuro que ya estamos oteando, la píldora será algo anticuado de lo que se guarde una extraña memoria, si no cae pronto en el olvido. Para entonces, muchas opiniones que rigen hoy, muchas actitudes femeninas y españolas parecerán que estuvieron vigentes hace como mil años...

La triste noche de bodas

En torno a las delicias de la primera noche de amor, o de la noche de bodas, tan sólo existe literatura. Literatura, sublimación y poesía. A veces, incluso, exclamaciones y pensamientos vulgares, desafortunados, que desvirtúan la verdad, más simple y más cruda, mentalizando falsamente a la española y provocando consecuencias posteriores muy negativas.

Hay una realidad, detrás del secreto de la primera noche, hay tal misticismo, tales esquemas y valoraciones sociales en torno a la primera noche, que tan sólo pueden producir tristezas.

A las viejas matronas se les alegran sus pícaros ojillos cuando ven a la española vestida de novia y de vuelta del altar.

«¡Vaya noche que vas a pasar, hija mía —piensa o dice—. ¡Quién estuviera en tu lugar!»

Y, en verdad que para la española, precisamente para la española, no hay nada envidiable en esa primera noche, que, para la mayoría, se convierte, por culpa de su ignorancia, sus tensiones y sus temores, en una noche maquiavélica, rotundamente siniestra.

Sin embargo, la opinión está generalizada. Lo mismo piensan las españolas que se casan que las que asisten como invitadas o como curiosas a la boda, estén casadas o no lo estén. Es como una regla nacional: la admiración y la envidia por la que se casa, aunque la pobre tenga poco que envidiar o se case a la desesperada.

Son también muchos los refranes y dichos populares que aluden a las delicias de ese primer día, de esa primera noche, mejor. Las españolas que han vivido su noche de bodas saben, en general, que son falsos y embaucadores, como lo es esa copla que tiene acento asturiano:

Yo caseme, yo caseme;
yo también me casaría
si la vida de casada
fuera como la del primer día.

En realidad, hay que pensar que los dichos populares, que vienen de antaño, no hacen, en absoluto referencia a las posibilidades del sexo. Si partíamos en un principio de la legendaria española asexuada, podemos entender que cuando se hace alusión al primer día, o a la primera noche, tan sólo se está haciendo referencia a la actitud deferente que adopta el marido con la esposa, a que, muy posiblemente, en esa primera noche, o en ese primer día, el marido no impone su violencia, ni su virilidad, ni «sus» pantalones, pese al «derecho» que le concede adueñarse indefinidamente de la voluntad de su esposa.

Por unas o por otras razones, la española llega a su noche de bodas toda blanca, toda dulce, toda ingenua, arrastrando tímidamente su mucha ignorancia, con el convencimiento de que alcanzará la satisfacción plena, su realización máxima, y que además esa noche marcará el rumbo de lo que será su felicidad futura. Y, lamentablemente, en la mayoría de los casos, vive una profunda decepción, que le llena de temores y de congoja.

Lo frecuente es que la española haya escuchado más de una vez que su felicidad conyugal depende mucho de esa primera noche, de cómo la goce, de cómo la viva, de cómo se porte su marido con ella. Y así, predispuesta a una falsa valoración, a la aplicación de su minúscula medida, se enfrenta, con toda su pasividad, con todo su temor, a una noche terrible y oscura, en la que su marido, el pobre, que no es mucho más experto que ella, tiene que dar la talla de su ternura, de su delicadeza, de su comprensión, de su resignación, de su habilidad, de su amor y, por supuesto, a la vez también de su hombría.

Gran parte de la culpa de las imágenes blancas que lleva la española en su cabeza, la tiene también esa cinematografía americana, la comedia de los años cuarenta a sesenta, donde la pareja recién casada se encerraba, en un ambiente de almíbar, en su habitación, las puertas se cerraban y, a la mañana siguiente, ella con el pijama del novio y él no se sabe con qué, aparecían sonrientes y felices, llenos de vitalidad y alegría, como dos seres perfectamente acoplados, provocando las envidias.

Nada más falso. Son muchos los temores que se ciernen sobre la española en el momento de dar ese paso definitivo. Durante meses, mejor durante años, la española ha tenido que estar reprimiendo todos sus impulsos; la española tenía colocada delante de sí una muralla que le impedía el acceso a cualquiera de las fases del sexo. Y en un instante, todo pasa a ser una obligación y un derecho; pero en un instante la española se siente incapaz de derribar las murallas, y menos de mostrarse activa y complaciente. Todo su interior se resiste y se resiente. Pero aún son más profundos los temores que inconscientemente arrastra la española.

Oswald Kolle, que analiza alguna de estas circunstancias, añade a ellos:

El temor al embarazo, ese miedo al dolor, ese miedo del que han oído hablar tan a menudo, frecuentemente en relatos exagerados, que no son la verdadera imagen de la realidad.

Está también el temor a la «fuerza» del hombre, a la cual ella se entregará en su virginidad.

Estos miedos se convierten, por culpa de las maniobras de sorpresa del hombre, por su comportamiento brutal y estúpido, en una realidad horrible. En el subconsciente de la mujer puede quedar fijado, por esta causa, el sentimiento de que «siempre he sabido que sería terrible, y efectivamente, lo ha sido.»

El marido español, que quizás con el tiempo, mientras descubre las reacciones de su mujer ante los estímulos eróticos.

puede adoptar una determinada táctica sexual que facilite la satisfacción femenina, precisamente la noche de bodas ni se siente dispuesto, ni experimentado, ni preparado, para alcanzar el *climax* deseado. Incluso la resistencia del himen, que él ha de romper en esa primera noche, porque es la idea que tiene de la virilidad, y porque, en definitiva, puede ser lo natural, le tiene profundamente preocupado. Es frecuente, por tanto, que se produzcan estados falsos de impotencia, que despiertan otros problemas, latentes pero adormilados.

Aunque pueda hacérsenos difícil reconocer que los problemas de la primera noche, según se vive en España, están muy cerca de los que padecen los pueblos primitivos o las sociedades naturales (como ahora se viene diciendo) justo es relacionarlo.

El carácter de rito que la noche de bodas tiene en estos pueblos es muy parecido al que en España ha perdurado. Quizá los ritos sean otros, pero el significado, el mismo.

En estos pueblos naturales, la desfloración de la esposa es algo considerado generalmente desagradable, que incluso se evita que tenga que hacerla el marido. Es norma muy extendida que tenga que practicarla un extranjero, al que puede suceder que no se le permita tener orgasmo con la novia; pero sí la obligación de desflorarla, más por necesidad que por honor. El extranjero, al fin y al cabo, luego se marcha...

Cuando no es un extranjero quien desflora a la novia, es el padre del novio, el suegro, al que se le suponen otras cualidades, fruto de su experiencia, quien tiene esa misión. Y cuando el suegro rehusa ese derecho, por los motivos que fueran, suele ceder la honra a otro amigo, siempre de sus mismas condiciones y experiencia.

Pero, por encima de todo, el carácter esencial que tiene la desfloración en los pueblos primitivos es el de convertir la primera noche en un acto divulgado o público. Es frecuente también que el primer acto de amor de la pareja haya que hacerlo en público, generalmente en presencia de mujeres, del círculo de la novia. De una o de otra forma, el rito exige que la desfloración y el coito se efectúen, o, de lo contrario, el matrimonio está amenazado de anulación.

No estamos tan lejos de estas exigencias sociales en España. Cuando la pareja española no ha consumado el acto, por las razones que fueren, el matrimonio puede ser fácilmente anulado. La significación de las sábanas manchadas, de la virginidad y de otras cosas que envuelven las circunstancias de la primera noche, y de las que ya hemos hablado en otros capítulos, vienen a confirmarlo todo.

* * *

El día comienza para la española con un ligero ataque nervioso, que no sabe exactamente en qué puede terminar. Por vez primera tiene conciencia de que aquel hombre que durante años ha sido su novio, con el que ha intercambiado sus besos, con el que incluso ha vivido momentos íntimos, de excitación, pero de intensos temores y excesivos cuidados, va a convertirse, dentro de sólo unas horas en su esposo.

Para ella, que durante mucho tiempo ha estado esperando este momento, todo pierde su verdadero sentido. Ya no sabe si lo vivido merece la pena, o si acaso se ha equivocado. Incluso pasa por su imaginación, fugazmente, ese momento trascendente en que la pareja estará ante el altar y el celebrante preguntará si quiere a... por esposo. Imagina por unos instantes qué sucedería si a ella se le ocurriera decir que no, o si a él se le ocurriera decir que no. Pero pronto toma conciencia de la realidad, de que todo son fantasías y que, inevitablemente, el momento va a llegar.

La fiesta se celebra por lo grande. Todos los familiares y amigos están invitados. La boda es un banquete. Y como banquete se entiende todo el día, desde que a la salida de la iglesia los invitados, los padrinos y los novios, se dirigen al ágape, hasta el momento sublime de la ausencia de los amigos: cuando da comienzo lo que podemos llamar el banquete del tálamo nupcial.

La española, todavía no ha podido desligar de su mente la imagen de la tarta y del velo blanco en el momento de la entrega. Las figuras tradicionales, las formas convencionales, toman cuerpo vivo en su imaginación. Sabe, intuye, teme, que detrás del ceremonioso rito de cortar la tarta vendrá, inevitablemente, el acto —quizá violento— de la desfloración. Y aunque ella no es consciente (ni lo es el español) de todo lo que esto significa, de lo que condiciona y lo que limita, no puede evitar por eso que los efectos hagan mella en su comportamiento, en toda su actitud frente al acto de amor.

Una buena parte de la chistografía española tiene como protagonistas a los recién casados y en su momento de comunicación sexual. En la mente de cada española se ha representado de alguna manera, y de forma diferente, lo que será esa noche; pero difícilmente coincide lo imaginado con lo real.

Parece inevitable que la española, que a medida que avanza y transcurre el día de su boda, ansía y teme el momento de quedarse a solas, llegue a la hora de la despedida aturdida y cansada, quizá con unas copas de más, que la sostienen alegre y en pie. Aunque ya hemos indicado que las reacciones son muy diversas, viene siendo frecuente entre las españolas el momento final de la llantina. Su justificación es fácil: la emoción, toda la tensión sostenida, el nuevo estado que se acaba de conquistar, el «que ya estamos casados para toda la vida», cuando parecía mentira... Pero la verdad es que la española comienza a sentir en su interior una terrible agitación, un irrefrenable temor, que la sume en ese profundo y desconsolado llanto.

Hasta hace unos años, la española pasaba su noche de bodas en la casa de los padres; porque era precisamente donde iba a quedarse a vivir. A lo sumo, conseguía que aquella noche dejaran a la pareja sola, ante la tremenda expectación; pero al día siguiente ya no. Al día siguiente volvían los padres a casa, volvía todo a la normalidad. Y la vida se reanudaba... como si nada hubiera sucedido. Entonces era cuando la española de criterio se preguntaba por lo que realmente había pasado su virginidad, su exquisito cuidado durante tantos años, su temor...

Hoy es distinto. Incluso la española rural abandona el pueblo ese día y se marcha, con su novio, a un hotel de la capital.

Incluso puede pasar la noche en el tren. Y la española que vive en la ciudad viene a hacer lo mismo: o ha reservado habitación en un hotel de lujo y de las afueras; o guarda el novio en el bolsillo los billetes de tren, por supuesto de coche cama y en ruta hacia la costa.

También viene siendo frecuente hoy que la pareja decida pasar su primera noche en su casa, en la casa donde van a vivir, aunque cuarenta y ocho horas después inicien el viaje de su luna de miel.

Son más de las que se dice las españolas que se hunden en una íntima frustración la noche de su boda. Los invitados, pese a todo, seguirán imaginando las delicias que esperan a la pareja y, especialmente, se piensa siempre en la novia. Sin embargo, la española, que sumisamente se ha entregado al acto de su desfloración, ha quedado desencantada y aturdida, ha quedado tan defraudada, que hasta pone en duda el acierto de su matrimonio y de su elección. Extrañamente llega, no obstante, a tener conciencia de los verdaderos problemas femeninos el español recién casado, que, muy satisfecho, duerme toda la noche de un tirón, feliz de tener allí su pareja.

Uno de los mayores temores de la española en el momento de la unión sexual es algo que siguen desconociendo los hombres: el tamaño del pene. Aunque la mujer no se sienta capaz de transmitir su asombro, ni sus miedos, como viene a resultar (con las excepciones hechas) que es la primera vez que se enfrenta a la realidad del pene y sus proporciones, ella no se explica cómo aquello puede tener cabida dentro de sí. En nuestros muestreos de opinión, en nuestros sondeos, han sido muchas las españolas que nos recordaban esos instantes, en que fundamentalmente se hacían esa pregunta:

—¿Y eso tiene que entrar por ahí?

Y vivían, silenciosamente, sumisamente, una sensación de horror.

Es verdad que la actitud ha evolucionado. También es verdad que muchas españolas de hoy llegan a su noche de bodas habiéndose interesado mucho más por las cuestiones del sexo, preocupadas por la actitud que deben adoptar en esos momentos y por todo aquello que facilite, de alguna manera, su realización. Pero nunca viene a ser suficiente...

Pocas españolas son las que, aun sabiendo la conveniencia de usar cremas de vaselina, deciden hacerlo. Los pudores se ciñen precisamente a toda su manera de comportar, a su propio desenvolvimiento. Y, por otra parte, el marido sigue prefiriendo que la esposa se muestre aturdida e inexperta, que le deje hacer a él, que le permita dirigir, aunque al final dirija tan mal.

Parece tremendo, pero podemos ofrecerlo como testimonio real, el hecho de que muchos españoles recién casados tengan que abandonar durante unas horas el hotel, precisamente para relajar sus nervios, alterados por su propia mujer, y para permitirle a ella adueñarse del lugar y sentirse segura.

También puede suceder que el esposo se sienta verdaderamente experto y trate de poner en práctica todo su conocimiento. No siempre podrá ofrecer un comportamiento adecuado y certero, dado que si su conocimiento es teórico, o si lo ha adquirido en otro marco de relación sexual, como puede ser la prostitución, generalmente ha caído en gruesos errores, que también hacen desafortunada su intervención. Incluso cuando la aplicación de ciertas técnicas sexuales pueda ser una realidad, la española sigue prefiriendo una cierta espontaneidad, así como ir descubriendo paulatinamente los secretos del amor.

Secretos que, por supuesto, extrañamente una luna de miel desvela.

Algo más sucede, y que afecta a lo puramente biológico, en el comportamiento de la española, y en definitiva en el comportamiento de la pareja: de pronto, de una inactividad sexual absoluta, la española pasa a tener una desproporcionada relación sexual, siempre por aceptar el ritmo que su marido quiere imponer. Y hasta es posible que en ese natural y desmedido abuso de relaciones, la española comience a sentir el despertar de una extraña repulsión por el acto, cuando ella, que tanto buscaba la ternura, se ha encontrado, exclusivamente, ante una expresión erótica y carnal, que le desvirtúa el verdadero sentido del amor.

El hecho de que cada día los matrimonios entre españoles sean más homogéneos, el mismo hecho de que los novios, que han vivido otras libertades, que han conocido otra intimidad, se encuentren en franca ventaja, porque entre ambos se ha establecido una corriente de naturalidad y de comunicación, viene a implantar tremendas diferencias entre el comportamiento real de la española de hoy y la española de ayer.

Pero aún viven millares de españolas que se casaron en otra época, que en el mayor de los casos no lo hicieron con el hombre elegido, y que, sin embargo, soportaron una larga luna de miel que nunca hubieran deseado, y en la que nunca encontraron la más mínima compensación. A la larga es, ha sido, la española que ha prolongado su insatisfacción sexual, que incluso morirá sin conocer el orgasmo y que, en las estadísticas del país será dada por frígida, en esos porcentajes terroríficos y dramáticos, que hoy suelen ser manejados.

Naturalmente, para aquella española que vivió su noche de bodas hace ya más de treinta años, fue más brutal su encuentro directo con la realidad del sexo y de la pasión.

La evolución, que no ha sido tanta en lo que se refiere a comportamientos, y que no ha superado las formas victorianas, ni la dureza de inhibiciones y represiones, sí favorece y mucho a la española de hoy, aunque aún quede tanto camino por recorrer.

Ya se da el caso de la pareja española que se casa y que no ve como objetivo fundamental, inmediato y necesario, la desfloración. Incluso existen españolas que atentando contra toda norma y tradición, han decidido dejar eso para después de un acoplamiento psíquico y natural dentro de su matrimonio. En absoluto quiere esto decir que ese tipo de española desprecie el sexo, lo ignore o le de la espalda. Puede tratarse de todo lo contrario, de una valoración real y exacta de la función sexual como parte de la realización y el encuentro de la pareja y quiere acometerlo en condiciones favorables, porque sabe que de esa noche de las fantasías y de las decepciones, no depende precisamente, ni su realización como mujer, ni la virilidad de su marido, ni, por supuesto, su futura felicidad.

Como otra realidad que debemos apuntar está el hecho de que la española, generalmente, se muestra satisfecha de su primera noche de amor cuando todo ha discurrido con normalidad, aun dentro de las dificultades reales y de las tensiones que padece la pareja, encuentre o no satisfacción.

Con frecuencia pasan muchas noches, incluso meses, hasta que la española conquista el orgasmo. Tampoco tendría que ser así; pero cuando al cabo lo encuentra, la española se topa con algo ideal, algo que no sospechaba, algo que le da la capacidad de amor de su esposo y que les acerca más.

Pese a las situaciones pintadas, lo más natural, lo que en definitiva viene a suceder, es que la española, que se encuentra por vez primera ante un hombre, pero un hombre al que quiere, al que ha elegido y al que desea, se entrega pasivamente pero sin reservas, no alcanza ningún placer, pero vive una profunda satisfacción porque ya comparte, como deseaba y como está establecido, su amor. Y lo más frecuente, lo que viene siendo natural, es que al cabo del tiempo, cuando ya han transcurrido los meses, y hasta incluso los primeros años de matrimonio, ante una íntima conversación, la española confiesa que hasta «no sé cuando, pero muy tarde», no descubrió el verdadero placer y la absoluta satisfacción sexual.

Es posible que en estos casos sea el marido quien se lleve la tremenda decepción, pensando que ha estado compartiendo con su mujer la misma satisfacción y gozo que él ha vivido, cuando ahora viene a descubrir —y porque se lo confiesan— que no ha sido así.

—¿Seguro que hasta entonces yo no te supe provocar el orgasmo? —puede preguntar incrédulo el español.

—¿Es eso posible?...

Y, verdaderamente, es posible; y, verdaderamente, es normal. Sólo porque toda la culpa está en la ausencia de toda educación sexual.

También es posible apuntar que ya la situación tiende a cambiar, rápida y profundamente, por empeño de la española.

Fidelidad e infidelidad 'a la española'

HACE muy poco tiempo, ayer, no se concebía en la mujer española la mínima infidelidad después de su matrimonio. Y posiblemente se daba en algún grado, pero no se concebía porque la sociedad castigaba, y duramente, a quien la cometía, y porque, de alguna manera, la infiel era fácilmente delatada o sorprendida y condenada a pagar su culpa ante una sociedad inclemente y severa.

Hoy, las españolas están convencidas de que la infidelidad es más alta de lo que incluso pueda serlo realmente.

Según se desprende de la opinión de muchas españolas, ha perdido ya toda vigencia ese dicho popular que hasta no hace tanto tiempo presidía las plegarias de cada devota: «A la mujer casta, Dios le basta.»

Pero el viejo refrán encierra en sí toda una filosofía social, toda una filosofía ibérica. La sociedad española de siempre, el hombre, sólo ha concedido dos soluciones a la sexualidad de la mujer española: o la prostitución o el cilicio.

De esto sí es muy consciente la española de nuestro tiempo. Una mujer emancipada lo confesaba así, acertando plenamente en la exposición del problema. Y añadía:

—Y no ha habido posturas ni concesiones intermedias.

La española ha estado abocada, por necesidad, por obligación, a la honestidad, a la castidad, a la fidelidad. Otra cosa es que, verdaderamente, en su interior, en su conciencia, la española haya sido siempre fiel, casta y honesta. Porque también las represiones, también las servidumbres, si no manifiestamente, por impotencia, se revelan desde lo interior, dando rienda suelta a los deseos y las fantasías.

Se dice que la española, tradicionalmente, ha guardado su honra en la cocina.

En realidad, la española no ha tenido apenas ocasión para ser infiel. Pero no la ha tenido hasta ahora... Nuestra española tradicional, casta y fervorosa, ama y doncella del hogar, abnegada y hacendosa, sólo tenía ocasión para conocer a un hombre en su vida: su marido. Y por eso se casaba. Si perdía la ocasión, si perdía su oportunidad, se quedaba solterona.

Es fácil, tras el cambio al que estamos asistiendo (con su lentitud y su rémora) olvidar aquellas cosas que han sido tan españolas a lo largo de los años de este siglo. El riesgo está en olvidar lo que todavía en algunos rincones apartados perdura. Y de la misma forma que en determinadas capitales de provincia perdura el paseo de los domingos por la calle principal, en busca de caras que sonrían, que acudan el siguiente domingo a la cita nunca acordada, perduran también viejas costumbres ibéricas, como la de comprar a la novia.

En estos pueblos de la España subdesarrollada, de los que quedan noticias, cuando la joven española tiene edad (y eso es algo que según nuestras reglas debe de verse exclusivamente en sus formas y en sus curvas) sale a lo que se llama «hacer el paseo». Pero «hacer el paseo» no tiene en realidad nada que ver (¡qué va!) con «hacer la carrera», que pertenece más bien a bajos sustratos de ciudades de primera categoría.

Y cuando la españolita hace su paseo está sólo a la espera de que el chico la «eche el ojo», cosa que puede suceder el primer día si la chica vale, es mona o tiene salero, y cosa que puede alargarse indefinidamente si la pobre es poco agraciada. Una vez que el muchacho la «echó el ojo» y que, de alguna manera, pero nunca directamente, se lo comunica, él tiene la obligación de hablar con los padres y de transmitirles su preferencia por la hija.

En tal momento, el pretendiente tiene que precisar sus intenciones, ofreciendo un precio por ella y fijando una fecha de entrega.

Mientras llega la fecha, por supuesto, la pareja no puede entablar relaciones. Es muy posible que si entre ambos se ha establecido una corriente de simpatía, entonces fuercen la situación de forma que puedan encontrarse a escondidas; pero siempre perseguidos por una vigilancia severa y corriendo toda clase de riesgos, y expuesta la chica a las habladurías...

Cuando por fin ha llegado la fecha, el pretendiente acude a la casa de los padres, entrega la cantidad ofrecida, que puede oscilar desde tres y cinco mil pesetas a veinte y hasta treinta mil (según la categoría de la hembra), y si todos están conformes pueden iniciarse las relaciones, que son el preludio de la boda. El trato es el mismo que se establece en los mercados y ferias para la compra de una mula.

Y aunque a cualquier lector pueda costarle trabajo creerlo, en estas fechas es algo que todavía está ocurriendo en esta España nuestra.

¿Será infiel alguna vez esta española?... Y, de serlo, ¿a qué sería infiel?

Pero lo cierto es que desde este punto se ha evolucionado muy aprisa. Lo cierto es que el equilibrio entre la afectividad y la sexualidad, que distinguía a la española, quizá porque no había descubierto su sexualidad real o en potencia, se ha roto definitivamente. Y en estos momentos la española actual (no necesariamente la más evolucionada) ha descubierto que la afectividad depende, en buena parte, de la misma sexualidad, y, como consecuencia, la sexualidad ha pasado a ocupar otro plano de preferencia.

Solamente esto justifica que la española pueda ser hoy infiel. De otra manera, no hubiera lugar...

No es temerario decir que en estos momentos que ya vivimos la mujer española comienza a perder el temor a su infidelidad. Durante años, durante siglos quizá, la infidelidad del hombre ha sido tenida por aceptable y por algo más; ha sido motivo de orgullo, signo de machismo, de virilidad y raza. Y la española, que históricamente estaba preparada para padecer la infidelidad, apenas ha proferido una queja.

Sin embargo, el cambio de actitud ha venido a transformarlo todo. Hoy, la española que se siente engañada en su matrimonio no reacciona ni con el silencio ni con la prudencia o docilidad de antaño; hoy reacciona, o quiere reaccionar, desde un mismo plano de igualdad:

—Si tú me la juegas, lo mismo puedo hacer yo.

Y aunque no pase, generalmente, de ser una simple amenaza, ya está mostrando un comportamiento muy diferente ante un hecho similar.

* * *

La fidelidad o infidelidad que llamamos «a la española», con aires a la española, o a lo carpetobetónico, tiene su peculiaridad.

Basta simplemente con entrar minuciosamente en esa tradicional fidelidad de la mujer española antes de que aparecieran tentaciones nuevas, antes de la incorporación de la mujer al trabajo, antes que se desprendiera de las cadenas de la cocina o del hogar, antes de que se sintiera con fuerzas para retar al marido, haciendo frente a una posible infidelidad.

Aunque es cierto que se han dado casos como el que nos referían de un pueblo castellano, en el que una mujer había estado siendo infiel durante mucho tiempo a su marido, hasta que un día a él se le ocurrió regresar a casa antes de tiempo y se encontró en su habitación con un vecino, que pasaba desde hacía años por enfermizo y que, tan pronto como él se iba a trabajar, penetraba por la puerta del corral y compartía el lecho con la mujer, no es menos cierto que situaciones semejantes no han tenido, ni mucho menos, el carácter de generalidad.

Si excluimos un ligero porcentaje que haya podido llegar a la infidelidad femenina en España, hay que reconocer que en la mayoría de los matrimonios españoles la esposa ha permanecido fiel, forzada tanto por su comportamiento moral como por la rígida estructura social.

No ha dejado de ser una fidelidad carpetobetónica, como apuntábamos, condicionada por tanta circunstancia, como hemos resaltado ya. Sin embargo, esa contención, esa obligatoriedad que sentía la española de ser radicalmente fiel, ha sido un revulsivo para la mente. Y en sus sueños la española también ha llegado, o llega, probablemente, a la infidelidad en potencia.

No existe nada más claro, como una consecuencia de la investigación, que ese irrefrenable deseo de aventura que la española ha vivido durante todas las decenas del siglo, y que todavía sigue viviendo.

La casada española, que sólo ha conocido a un hombre en su vida, que evitaba todo trato con los demás, que vivía «atada a la mesa» o «con la pata quebrada», como obliga la tradición, no ha dejado de sentir en toda su historia intensos deseos de frivolidad. Es más, cuanto mayores eran las represiones vividas y sostenidas, mayores eran los impulsos íntimos y los deseos de volar.

Ante la situación que protagonizaba la española a lo largo de toda su vida de casada, no es extraño entender que pudiera pasar ligeramente por su imaginación el beso furtivo de un forastero, de un desconocido o de un amigo. Aunque tan sólo fuera por una debilidad puramente femenina, tan sólo por curiosidad.

Pero esa curiosidad que jamás podía satisfacer la española, que reunía todas las improbabilidades, podía convertirse en obsesiva y transportar mentalmente a la mujer española a la más cruel infidelidad. Abundantes confesiones nos ratifican que, efectivamente, escondido en un rincón de la mente femenina está ese deseo reprimido por conocer algo nuevo, algo diferente a lo que transmite el esposo, y quizá sin otro sentido que la comparación más liviana.

Todavía hoy la española que no ha llegado al momento de amenazar con una respuesta semejante a la del marido en cuanto a la fidelidad se refiere, sigue teniendo reprimidos sus instintos, y pese a que habitual y tradicionalmente la mujer se ha sentido atada por amor a un solo sujeto, y pese a que la mujer española tenga a gala su fidelidad a ese amor, o al hogar, no deja de pasar por su mente el deseo, también liviano (o menos) de vivir quizá una aventurilla singular. Quizá le baste con provocar un día la admiración de un peatón, quizá le baste con imaginar que podía estrechar largamente las manos de un conocido, quizá le baste pensar que podía cambiar un beso, siempre robado, con aquel antiguo novio que tuvo; pero, en definitiva, no deja de ser un deseo infiel y una debilidad en la mente femenina.

Ante la nueva posibilidad que ha descubierto la española de hoy de poder andar con otras libertades, de poder salir, incluso de poder alternar, también las probabilidades han aumentado. Y hasta viene siendo más frecuente el hecho de que una española, enamorada de su marido, físicamente fiel, se pierda en coquetear, ante la ocasión propicia, con el amigo de la familia o con el desconocido ideal.

Alguien, tímidamente, una vez apuntaba lo conveniente que sería llegar a detectar quiénes son los hombres que viven en torno a la típica española casada, hacendosa y fiel. Son los hombres que están durante una larga vida y cada día a su alrededor, hombres como el panadero o el carnicero, hombres como el repartidor o el cobrador, como el dueño de la tienda o la tintorería...

Sin duda, en algún momento, la española que puede despertar la admiración de cualquiera de estos hombres que intervienen diariamente en su vida puede llegar a imaginar lo que sería encontrarse en los brazos de aquél..., estableciendo la comparación con lo que ella exclusivamente conoce.

No es menos cierto que en estos momentos en que asciende el número de mujeres casadas que trabajan, muchos maridos se sienten celosos de la proximidad que ciertos compañeros de trabajo tienen con su mujer. Las regias diferencias hombre-mujer se han roto. Antes era el marido quien marchaba a trabajar, quien tenía su círculo de amistades, quien podía alternar con compañeros de ambos sexos, tanto para el aperitivo como para el café. Ahora también puede hacerlo la mujer, también está en ese derecho, un derecho defendido siempre con honor por el hombre. ¿Qué ibérico se siente, si no, ahora con fuerzas para impedir que su mujer, que trabaja, pueda alternar?

Otra cosa muy distinta es cuando la española ha sido consciente, pero involuntariamente infiel, por salvar una situación determinada.

Existen testimonios de españolas que en años muy específicos se entregaron a otro hombre por obtener algún favor en el que generalmente estaba involucrado el favor al marido, como es el caso de algunos prisioneros. Entonces la mujer, que persigue afanosamente la libertad del marido, o que iba en pos de derechos que se le podían negar, actuaba con su sexo con un puro afán de servicio ante la vileza de quienes imponían esa voluntad.

Es el mismo caso, también vivido por españolas, que cayeron en brazos de quienes podían resolver el hambre de la familia, cuando a sus hijos ni siquiera les llegaba el pan. En circunstancias semejantes, que se han producido en el país, la mujer española ha actuado con todo su orgullo y con todo su honor, negociando con su sexo, pero lejos de toda sexualidad.

Incluso aunque las vivencias de españolas actuales no tengan nada que ver con circunstancias semejantes, incluso cuando hoy numerosas españolas confiesan su infidelidad al ginecólogo o al psicoanalista, existen otras razones que son precisamente consecuencia del amor.

Kinsey, el famoso americano que revolucionó la sociedad americana con su informe sobre la sexualidad, llega en algunas de sus conclusiones a decir que en la infidelidad femenina el amor juega un papel secundario: son otros los motivos.

Y aunque, por supuesto, no defiende la infidelidad, dado que la fidelidad es un derecho de toda persona, dado que es una simple reciprocidad producida por la coherencia del amor, viene a decir también:

En un gran número de casos la armonía sexual entre los esposos mejoró a causa de la experiencia extramatrimonial de la mujer. Las relaciones extramatrimoniales raramente trajeron di-

ficultades cuando el otro no sabía nada. Las dificultades surgieron especialmente en el período que siguió directamente al descubrimiento por parte del otro. En estos casos el coito extramatrimonial no parece haber causado tanta preocupación como el conocimiento del hecho del adulterio. Estas dificultades fueron causadas, aparentemente, por el comportamiento de la sociedad hacia las relaciones extramatrimoniales.

Y Oswalt Kolle, haciendo referencia a la posible infidelidad, dice que las consecuencias para el matrimonio serán muy diferentes si los esposos razonan con serenidad las verdaderas causas y consecuencias de tal infidelidad, a si se dejan llevar por la irracionalidad, teniendo sólo en cuenta lo que significa como quebranto social. Y a continuación cuenta un caso, que citamos por lo curioso:

Es la carta de una mujer que comunica su experiencia. Ella tenía un trabajo en distinta ciudad a donde su marido lo hacía. Su marido, al parecer, mostraba absoluta confianza en ella y, por tanto, descuidaba totalmente la posible infidelidad. Sin embargo, ella no sabe explicar cómo un día le fue infiel, y después del acontecimiento, por culpa de un anónimo, el marido se enteró. En ese momento la mujer tuvo el presentimiento claro de todo cuanto iba a ocurrir. Sin embargo, cuando el fin de semana, como normalmente se encontraban, se vieron, el marido sólo puso la carta ante sus ojos:

—¿Es cierto?

—Sí, es verdad.

Y cuando todo pudo suceder, el marido sólo hizo que preguntar si aquello había sido importante, si podía durar. Ante la negación, convinieron simplemente cambiar ambos de trabajo y de lugar.

Evidentemente, no es éste un caso resuelto «a la española».

* * *

Una española que en su relación matrimonial no haya alcanzado jamás el orgasmo, tiene, sin embargo, todas las probabilidades de sentirlo en cualquier relación extramatrimonial. Las razones son muy simples.

La pura predisposición psicológica, el aliciente de la aventura y el factor llamado riesgo, por una parte, y, por otra, que, con toda seguridad, el hombre a quien se entrega no va a portarse con ella con el cuidado, el recato y las restricciones con que lo hace el marido ante la madre de sus propios hijos.

La española ha evolucionado, desde el punto de vista meramente sexual, de forma activa y no reflexiva, y eso ha provocado un inevitable *shock,* tanto en ella como en el varón. Quizá esté aquí la causa del notable aumento de la infidelidad.

También hay que considerar la insatisfacción que ha estado viviendo, que está viviendo, la española, y enfrentarla a la divulgación sexual que en estos momentos se está produciendo en nuestra sociedad y que, inevitablemente, hace tomar conciencia a la española de sus posibilidades de satisfacción. Aunque justo es reconocer dos cosas más: una, que la insatisfacción de la mujer española no es exclusivamente sexual, que tiene otras raíces más profundas y presenta otra problemática que habría que abordar; y otra, que, además de su fracaso reconocido, pese a su propia insatisfacción sexual, la mujer española puede confesar en cualquier momento que ha sido dichosa en su matrimonio y, por supuesto, feliz.

En muchas españolas puede quedar, sin embargo, un signo de consolación: «Podría haber sido más feliz, pero acaso sea tarde ya...»

Así como es cierta la mayor probabilidad que viven las jóvenes españolas que contraen matrimonio de caer en la infidelidad, hay que advertir que también su entrega es diferente, tiene otro significado distinto a la de ayer, se persigue con mayor ansiedad el acoplamiento ideal y todos éstos son factores favorables que restringen la infidelidad.

Una cosa —también aquí— es la actitud ante el tema de la fidelidad del matrimonio, en ocasiones producto de ideas simples y juveniles, y otra el comportamiento real ante circunstancias muy concretas, que, naturalmente, condicionan tanto al hombre como a la mujer actual.

Todavía puede hablarse del miedo de la española a la aventura extramatrimonial. Y ni siquiera es auténtico el hecho de que hoy, en contraposición a la española de ayer, la mujer pueda amenazar con utilizar las mismas armas que el hombre sin sentir en su interior un profundo estremecimiento. Lo que sí es más probable es que el acoplamiento vaya siendo cada vez más perfecto e ideal y la tradicional infidelidad del varón, del esposo español, pierda todo su vigor para quedar reducida a una caricatura exclusivamente.

Sin embargo, hoy es más fácil que la mujer española, que acaba de descubrir su sexualidad o que la tiene a flor de piel, pueda preguntarse en un momento de autoconfesión: «¿Tengo derecho a ser feliz?» Y se siente con una disposición diferente para poderse responder que sí, pero dentro de lo que ella ama, dentro de su compromiso matrimonial, por lo que estará dispuesta a luchar de manera diferente por establecer con su cónyuge una auténtica comunicación.

Se rompen los viejos esquemas del matrimonio a la española; se pierden en la nebulosa los viejos convencionalismos, con notable rapidez; y la mujer actual española se vuelca con todo su interés sobre las fórmulas ideales de vida, sobre los comportamientos más adecuados, para poder así sostener una vida larga de comunidad y de convivencia, sin los riesgos del hastío, de la incomunicación, del odio prolongado y hasta incluso de la repulsión que en tantas españolas hizo mella en otras épocas, de las que aún quedan vestigios para poder testimoniar.

El interés de la mujer de nuestro tiempo por entrar con toda naturalidad en temas que ayer fueron tabú, por desentrañar los secretos de su posible fracaso o acoplamiento matrimonial, sólo tienen un motivo: el fantasma de las frustraciones que la española viene arrastrando de muy atrás.

Cada vez se impone más lo que se ha venido en llamar la «terapia de grupo», donde la mujer española, que antes guardaba pudorosamente todos sus secretos, amasando su amargura y su propia decepción, expone abiertamente, en un desafío constante con las demás, sus problemas, temores y preocupaciones en torno al sexo y a su comportamiento, sin omitir la respuesta que de su marido obtiene. Hoy es frecuente, en cualquier reunión de matrimonios, que la española sienta la necesidad de comunicar sus íntimas intenciones, con el deseo de obtener confesiones semejantes y de poder contrastarlas. Esta nueva modalidad en la comunicación interpersonal y social está produciendo efectos positivos en nuestra reciente sociedad.

Pero no cabe duda que el paso que ha dado la mujer ha sido más largo del que el español se esperaba y del que podía desear. Por eso hasta es posible que en estas reuniones de matrimonios, donde la española ha comenzado a hablar, se produzcan situaciones anormales, como el que un marido se ruborice (¡insólito!) al escuchar a su mujer hablar.

—¡Qué va, hija! Nosotros es que no tenemos relación más que dos veces al mes, y así nos va...

—¿Cómo es posible? ¡Este Mariano!...

Y Mariano, el pobre, que no había asimilado esta posibilidad, se encuentra de pronto involucrado en una manifestación que traspasa los grados de la intimidad, pero que no cabe duda le hace pensar y, posteriormente, reaccionar, tratando de llegar a una situación más idónea.

La evolución sexual de las casadas

HAY una tropa inmensa de españolas casadas, que acaban de rebasar los cincuenta años, que a lo mejor también acaban de convertirse en abuelas, pero que se sienten jóvenes, porque lo son todavía, que se notan y se saben atractivas, que se han liberado al fin de sus graves obligaciones de otras épocas, que acaban de descubrir el ocio, que son conscientes de haber pasado con mucho dolor y muchas privaciones por la vida, que han desperdiciado su juventud, que la han consumido en los años difíciles por los que ha atravesado España, que ahora observan con relativa crítica, pero también con cierta envidia, a la juventud española, incluso a sus hijas, y se sumergen en una profunda amargura.

Son las españolas que se sienten víctimas de una generación desafortunada, perdida. Son mujeres que han disfrutado de una alta fertilidad, cuando había que conformarse diciendo que «cada hijo trae un pan debajo del brazo»; que aún han padecido los dolores de la fuerte mortalidad infantil, y que cuando la ciencia avanzaba y cuando los sistemas cambiaban, ellas se han sentido ya desplazadas en el tiempo y han ido descubriendo que no alcanzaban muchas conquistas.

Ellas estaban también predestinadas, como sus progenitoras, a despedirse de la vida sin asistir al despertar de su propia sexualidad, convencidas de su inferioridad biológica; sin embargo el nuevo espectáculo social al que están asistiendo, las nuevas corrientes, el reflejo de las llamadas olas de erotización y de sexo han supuesto en la mayoría de los casos un alerta que, necesariamente, tiene que favorecer a esta española.

Los testimonios recogidos de estas mujeres son, como puede suponerse, dramáticos.

A toda su trayectoria, preñada de abnegación, entrega, sacrificio, servidumbre, pasividad, frustración, amor, maternidad, renuncia, y también dolor, se le contrapone ahora una realidad multicolor que parece como si se les escapara. Y es la hora de los razonamientos profundos, del descubrimiento de las frustraciones, de la valoración en frío de tantas y tantas cosas que han vivido o, mejor, que no han vivido... Por eso puede resultar dramática cualquier confesión. Porque profieren un quejido silencioso, profundo, íntimo, doloroso, que a veces no pueden soterrar.

Para esas españolas tiene este libro la más noble intención. Porque merecen compensaciones que no han tenido. Porque aún están a tiempo de despertar...

La doctora y experta en cuestiones de sexualidad Jessie Bernard, que se ha ocupado intensamente de la mujer, tiene escrito:

La sexualidad procreativa no pide nada de las mujeres, excepto la ovulación; pueden concebir incluso cuando duermen.

Pues bien, esto es algo que ha ocurrido, que ha estado ocurriendo normalmente en nuestro país. ¿Cuántas españolas de este grupo al que nos estamos refiriendo no han concebido sus hijos durante el sueño?...

Todas esas características que a lo largo de dieciséis capítulos hemos ido apuntando, todas esas peculiaridades típicas de la sociedad española tradicional, que han estado impidiendo la realización femenina y, como consecuencia, el desarrollo de su sexualidad, ha forzado a situaciones semejantes.

La mujer, convertida en objeto sexual, era, efectivamente, utilizada para la procreación, como ordenan las normas convencionales de la moralidad religiosa. Y la norma tan sólo exigía la obligación de que el acto tuviera como fin la fecundación femenina. Por consiguiente, y teniendo en cuenta que la española no mostraba ningún deseo, que incluso llegaba a sentir hastío, fatiga y repulsión por el acto sexual, era normal llegar a situaciones como la del español, que satisfacía su voluptuosidad con el asentimiento pasivo de la mujer, que a lo mejor dormía.

Sin embargo, se da una circunstancia, que es general a toda mujer y a la que ni siquiera las represiones pueden contener, y es el hecho de la mayor sexualidad de la mujer casada.

Después de los cuarenta años, cuando se trata de una mujer casada, la sexualidad, al menos su capacidad sexual, su erotización, es mayor. Ya son frecuentes y numerosas las españolas que han rebasado los cuarenta y cincuenta años que acuden al ginecólogo en busca de soluciones para controlar o satisfacer su desmedida (a la reprimida durante años, siempre le parece desmedida y exagerada) sexualidad.

Es la doctora Bernard también quien apunta con toda claridad que, en el matrimonio, el cuerpo de la mujer se resexualiza, es decir, que aumenta en progresión, y no siempre, necesariamente, al ritmo del descubrimiento del placer.

Las españolas a quienes nos estamos refiriendo no han encontrado precisamente el placer en su matrimonio ni han conquistado el orgasmo; sin embargo, su cuerpo va alcanzando una mayor erotización, así como se vivifica y aumenta considerablemente (incluso provocando sorpresas) su sexualidad.

Los interrogatorios de Alfred Kinsey (de cuya encuesta y su importancia universal ya hemos hablado) sobre cinco mil novecientas cuarenta mujeres, arrojaron mucha más luz: después de varios años de matrimonio (diez, quince o veinte) las mujeres demostraban un apetito sexual muy superior al que sus propios maridos podían satisfacer.

Esto, en América, había llevado a que de cada cuatro mujeres que superaban los cuarenta años, al menos una había tenido alguna experiencia extramatrimonial.

Las españolas, que, por supuesto, no han dado estos mismos porcentajes, sí han visto, sin embargo, cómo innoblemente para ellas, se desarrollaba su sexualidad.

Hoy, estas mujeres, que muestran la misma necesidad de abordar el tema de su realización sexual que las españolas de la generación última, saltan con facilidad las inmensas barreras de su pudor para confesar que sus maridos, que anteriormente las acosaban continuamente, parece que ahora han perdido vitalidad y las tienen abandonadas, desde el punto de vista sexual. Si a ello añadimos que el varón llega a la ternura a través de la sexualidad precisamente, cuando de alguna forma se siente mermado, disminuye también toda su expresión amoroso-afectiva-sentimental.

Así es como la escena clásica que retrata a la pareja en la cama, mientras el marido da un toque en los pies de la esposa, llamando su atención y pidiéndole asistencia, a esta edad en que vive la mujer se vuelve completamente del revés. Y ahora es ella quien le da en los pies al marido, diciendo:

—Paco. Pacooooo.

—Hehhhhh.

Y vuelve a retornar el silencio. Y al momento...

—Pacooooo. Pacooooooooo.

—Síhhhhhhhhhhh.

* * *

Desde hace justamente diez años, la mujer española contrae matrimonio más joven. Hasta el año 1960 ni la mitad de la población femenina se casaba antes de los veinticinco años. Desde 1965, la progresión ha sido vertiginosa. En estos años, casi el 70 por 100 de las mujeres españolas se casan antes de haber cumplido los veinticinco años.

Es de esperar que cuando las españolas de hoy hayan rebasado los cincuenta años no muestren tan alto índice de insatisfacción sexual o seudofrigidez.

Pero también conviene señalar que el problema no es exclusivamente español. En realidad, las nuevas teorías sobre las posibilidades eróticas y sexuales de la mujer son muy recientes, acaban de nacer.

Otro dato a tener muy en cuenta, que las españolas deben considerar, es que la mayor parte de la literatura sobre el tema de la sexualidad femenina, su circunstancia, su realidad y su evolución ha sido escrita por hombres. Es diferente un libro como el nuestro, de testimonio y de interpretación, que tiene la obligación de estar escrito por hombres, ya que el objetivo, en todo momento, está siendo la evaluación de esa respuesta femenina española a la sexualidad que posee.

Durante un tiempo ha estado circulando en documentos de divulgación universal el porcentaje de que el 50 por 100 de las mujeres eran frígidas o padecían frigidez. No parece cierto este dato. Ya hablamos en el capítulo dedicado a la profunda insatisfacción de la mujer española de que podíamos registrar, siempre aproximadamente, entre un 74 y un 78 por 100 de estados de seudofrigidez entre las mujeres españolas. Pero no estados de frigidez real.

En verdad, la frigidez profunda femenina no rebasa los porcentajes normales de impotencia masculina. Y la misma evolución que sufre la sexualidad de la casada viene a constatar, inevitablemente, esta realidad.

Marie Bonaparte, que también se dedicó al estudio de la sexualidad en la mujer, establece tres razones que favorecen a la frigidez femenina: una, la provocada por su propia feminidad; otra, la provocada por su grado de virilidad, y una tercera, la provocada por su moralidad.

En cuanto a la primera razón (su feminidad), dice Marie Bonaparte que engendra una menor energía libidinal. En cuanto al grado de virilidad (ya ha sido constatado y pertenece a la divulgación el hecho de que todos los seres somos bisexuales y tenemos una combinación de elementos masculinos y femeninos, en diferente grado) dice que precisamente ese elemento masculino que posee hace más difícil la adaptación de la líbido al papel pasivo, vaginal, de la mujer. Y en cuanto a lo que se refiere a la moralidad, también favorecen la frigidez las inhibiciones impuestas por el propio varón y porque, históricamente, en nuestra civilización la mujer ha soportado una represión más violenta que el hombre.

En todo cuanto hace relación a la mujer española y a la evolución que sufre en su comportamiento sexual dentro de su matrimonio, podemos decir que ella ha aceptado, de alguna manera también, ese papel servil, pasivo, de inactividad sexual. Y el español, que era el ser idóneo para combatirlo, lo ha aceptado, sin embargo, por comodidad, por convencionalismo y hasta incluso por vanidad, por ese sentido equivocado del machismo ibérico.

Se da el caso entre españolas casadas que, en un momento de su matrimonio, sí descubren su sexualidad, la fuerza de su libido, y contra lo que cabría esperar, no la transmiten ni la desarrollan. En ocasiones, ese descubrimiento ha podido crear, incluso, complejos de perversidad. Y cuando no ha sido así, han renunciado a la realización de su voluptuosidad, sacrificando el orgasmo, por exceso de pudor y por esa deficiente e histórica educación.

También puede suceder que otros problemas ocupen la mente de la española a la hora de manifestar su sexualidad. Es el caso que la española, más que ninguna otra europea, conquista al marido en razón de su honestidad, en razón de su imagen ingenua y pura, encubriendo siempre su mínima vibración sexual. Y cuando ocurre que, dentro del matrimonio, en el derecho de una relación que impone la propia moral, ella llega al descubrimiento de sus posibilidades eróticas, no ve más solución que acallar, de la forma que sea, eso que ella entiende como debilidad.

Numerosas casadas han confesado que ellas no podían, no sabían decir a su marido lo que estaban necesitando en determinado momento, o lo que hubieran esperado de él. Proyectaban otra imagen y querían conservarla.

Precisamente por esto, la evolución sexual de las casadas ha sido en muchas ocasiones motivo de conflictos conyugales. Porque la pareja estaba sometida a vigorosas tensiones, que acababan sin solución, sin el conveniente acoplamiento sexual, y como consecuencia de la acumulación de represiones se llegaba, se llega, a la separación o a soluciones intermedias, de más trágicas consecuencias, en la que los esposos se soportan —quizá con vistas a los hijos y con vistas al círculo social—, pero se odian a muerte.

Siempre existe un momento en que la mujer española quiere enfrentarse a su problema, pero se siente sin fuerzas, desasistida, incapaz de transmitir como ella quisiera sus propios deseos. Generalmente, la española que vive estas circunstancias (una auténtica mayoría silenciosa) siente verdaderos deseos de amar apasionadamente a su esposo. El ambiente le contagia esa necesidad. La propia situación que ellos protagonizan, se lo recomienda. La cinematografía y la literatura, por otra parte, la descubren la conveniencia e incluso la apetencia, y, a pesar de todo, a pesar de que lo intente y se esfuerce, ella se siente incapaz. ¿Qué sucede realmente?...

La pareja ha creado la costumbre. La pareja, el español y la española, tienen un sentido muy estricto de lo convencional, y tienen normas muy rígidas en cuanto a moralidad. Ellos no pueden caer en desviaciones de ningún tipo. Y se entiende por desviación, precisamente, el hecho de no hacer el amor como lo hacían papá y mamá, con la luz apagada y el camisón puesto. Pero como resulta que la convivencia sexual está en constante evolución, está exigiendo el cambio de ritmo, la evasión de la monotonía, se cae, inevitablemente, en una desarmonía total, en el verdadero desacoplamiento de los sexos.

Hoy, al menos, la española sabe a ciencia cierta que es necesario reaccionar. Son ya muchas las españolas que han entendido que, si para sostener a buen ritmo y sin alteraciones temerarias su matrimonio, ellas deben comportarse en la alcoba como unas «frescas», pues hay que actuar como una «fresca», que no por eso se cae en la prostitución. La prostitución de las casadas, aunque sólo hagan vida sexual con sus maridos, tiene también en nuestro país su tipología muy especial.

* * *

Se ha dado (y se da) entre las españolas un tipo de prostitución muy peculiar.

Se trata, nada más y nada menos, que de las imposiciones del sexo. Habiendo establecido ya que la española no había despertado a la sexualidad, que conocía, sin embargo, la evolución sexual de su marido y que aceptaba simplemente por servidumbre, y también por amor, toda relación sexual, la española ha estado siempre en condiciones óptimas para chantajear.

Si ella no sentía ninguna necesidad por el coito, si ella vivía en una continua austeridad sexual, sí podía, por el contrario, especular con su sexo, de forma que, a cambio de ofrecerse, obtuviera sus deseos, que generalmente están muy lejos de cualquier cuestión sexual y que le permitía ganar continuamente toda batalla, con las armas que ella creía que la mujer contaba.

Para la española, efectivamente, el sexo ha sido su arma. Y a cambio, podía pedir un visón, una lavadora, un fregaplatos, un simple transistor o acaso una caricia...

Muchos maridos españoles son conscientes de que precisamente en los preámbulos del amor, del acto coital, han hecho sus mayores concesiones: desde un apartamento en la sierra hasta zapatos nuevos para los niños o un nuevo tresillo para el cuarto de estar.

¿No es esto una nueva o diferente forma de prostitución?...

Es evidente que la transformación que está teniendo la actitud de la española ante el amor suprimirá en parte estas fórmulas coactivas. Cuando la pareja tenga conciencia de sus mismos derechos no sólo en la legislación, sino en toda la escala social, y también en la cama, por cierto, a la española le faltarán argumentos para imponer sus deseos, para comerciar o, simplemente, coaccionar.

Otra de las evoluciones que ha sufrido la española de hoy en su matrimonio ha sido odiar, de alguna manera, el amor del fin de semana.

En la medida en que ha ido descubriendo y desarrollando su sexualidad, más trata la española de huir de la monotonía, de las fórmulas prefijadas, del día «señalado» para el amor. Y esto es algo en lo que, cada vez con más frecuencia, está cayendo el marido español.

El ritmo que ha impuesto la nueva sociedad, que nos acerca al tipo de las sociedades industrializadas y desarrolladas, ha conseguido lo que otros acontecimientos históricos no habían logrado: cansar al español, hasta incluso mermar su vitalidad sexual. De forma que son más numerosas cada vez las españolas que advierten cómo sus maridos han limitado la convivencia sexual al fin de semana.

Estas y otras fórmulas establecidas constriñen también las posibilidades de erotización de la mujer, cuando ella está predispuesta (al menos en nuestro tiempo) a dejarse seducir por el marido, a dejarse querer, pero si es arrebatadoramente y en el momento más imprevisible, mejor.

La española que ha evolucionado en su matrimonio sabe también que ella llega al deseo sexual después de haber pasado por un preámbulo de caricias, al que no siempre está dispuesto el varón.

Y de igual manera, la española conoce a través de su convivencia matrimonial, en la medida en que va escalando y descubriendo los secretos de su sexualidad, que la curva de su excitación sexual es distinta a la del marido, llegando a conocer que es más lenta, pero más sostenida a la vez, y hasta más intensa.

Ese es el momento en que la española casada está pidiendo experiencia a su marido, y además de experiencia, dedicación y concentración en lo que está realizando. No siempre —como ya hemos visto— se siente dispuesta a facilitar la tarea del marido; pero llega a ser consciente de que necesita de la manipulación masculina y de la activación de su clítoris, para así poder alcanzar el momento del clímax erótico y compartir un orgasmo a plena satisfacción.

Por otra parte, la casada puede llegar a advertir los días, o los momentos, en que nota mayor predisposición al amor. Esos momentos siempre están muy ligados a cualquier acontecimiento simple, pero que quizá provoca en ella gran ternura;

como también están ligados, de alguna forma, a su ciclo menstrual.

La mujer muestra, en general, mayor disposición para la relación sexual en los días en que su ciclo se encuentra a la mitad, justamente los días que coinciden con sus mayores posibilidades de fecundación. Aunque también se reconoce que adquiere fácilmente su excitación y su deseo sexual en los días que preceden a la menstruación.

Una convivencia matrimonial desacompasada, aún disminuida o retardada por las represiones o inhibiciones, o la simple abstinencia de la pareja, puede evolucionar favorablemente cuando ambos se aman. Y eso es algo que está en el dominio y el control de la española; eso es algo de instinto natural, por lo que la española que alcanza un cierto equilibrio sexual puede luchar y a lo que, inevitablemente, tiende. Y así entramos de pleno en la cuestión de la necesidad del acoplamiento de los sexos, que tratamos en el capítulo posterior.

Una carrera hacia el acoplamiento de los sexos

DEL mismo modo que puede constatarse cómo la española se siente cada vez más preocupada por esta cuestión, como parte integral de su matrimonio que es, puede decirse también que se ha iniciado una carrera (tímida carrera todavía) que persigue el adecuado acoplamiento de los sexos.

Pero es importante que la mujer española sepa (y también el hombre) que el acoplamiento sexual idóneo no es cosa tan sencilla ni lo alcanzan inmediatamente todos los matrimonios.

Por haber sido el sexo durante tanto tiempo materia vedada, y por ese gran desconocimiento que se da en nuestra sociedad sobre el comportamiento sexual que pudiéramos denominar normal, los errores por los que pasa a veces la pareja española son de primer orden, y en ocasiones, también, causa de traumas de difícil solución.

Generalmente, la española que no ha encontrado jamás ese acoplamiento sexual en su matrimonio, como también al hombre le ocurre, tiene la convicción de que está viviendo un problema muy peculiar, íntimo, irresoluble, y que ella es la excepción. Partiendo de este falso planteamiento es como cualquier española puede renunciar indefinidamente a la posible solución. Es esa misma aceptación del fracaso ante el acoplamiento la que crea el problema de verdad. Son numerosísimas las españolas que pasan por un trance semejante: viven en solitario y con decepción un problema que no debiera existir.

La realidad nos dice que quienes han llegado al verdadero y auténtico acoplamiento sexual son los menos; aunque cierto sea reconocer que esa mentalización se ha producido ya y que, a mayor nivel de educación sexual, más intenso es el deseo de alcanzar también en el matrimonio el acoplamiento en el acto íntimo del amor.

Tenemos testimonios suficientes de españolas que vivían una profunda e innecesaria angustia, pensando que no eran capaces de alcanzar ese acoplamiento coital y que ello podía constituir un verdadero problema en su matrimonio. Tan pronto como conocieron que el acoplamiento era algo a lo que una gran mayoría de las parejas no llegaban, destruyeron definitivamente su complejo de incapacidad y, si no llegaron al acoplamiento ideal, sí resolvieron al menos su problema de una manera real.

No obstante, habría que añadir que la inadaptación sexual no es un problema exclusivamente carpetobetónico, ni mucho menos. Se trata de una generalizada cuestión universal. Pero, arropado en la ola de sexualidad que inevitablemente acosa a nuestra sociedad, ha nacido, de alguna manera, el noble deseo del acoplamiento sexual en cada pareja.

Como una simple muestra de esta problemática universal citamos la referencia que hace Robert Street sobre el tema, que aborda desde una perspectiva muy opuesta a la española y a nuestra sociedad:

La causa de la incompatibilidad sexual —escribe—, *tan ostensible actualmente, es de modo principal la ignorancia sexual del varón. Empero, su error más importante se debe a una omisión, y no a una acción, y dado que las faltas de ese tipo son habitualmente el menor de los dos males, son las más fáciles de corregir. Comparado con la mujer, sexualmente, la naturaleza ha sido benévola con el varón. Se excita rápidamente y se satisface con seguridad, pero la mujer ha sido concebida de un modo totalmente opuesto. En verdad, difícilmente dos naturalezas podrían ser menos compatibles que las naturalezas sexuales del hombre y la mujer. Por esa razón, no es sorprendente que la in-*

compatibilidad sexual sea una amenaza constante, dado que la naturaleza parece haber hecho todo lo posible para favorecerla. ¡Qué importante es entonces para la perduración del matrimonio una correcta adaptación sexual!

Efectivamente, es importante. Y la española ya es consciente de ello, aunque sólo una minoría, por lo que el problema sigue perviviendo.

Cuando esta circunstancia se ha planteado entre la pareja española, lo más fácil siempre ha sido encontrar la causa en la supuesta frigidez de la mujer; pero del tema de la frigidez ya hemos hablado suficientemente y lo hemos denominado «estado pasajero de seudofrigidez». El mismo autor citado, Robert Street, hace una diferenciación muy clara en torno a lo que es una mujer «frígida» y una mujer «fría». La primera, si es víctima de una frigidez profunda y real, está incapacitada (mientras no busque la solución por los canales de la ciencia) para la satisfacción sexual y, por supuesto, para obtener la excitación que produce el ejercicio íntimo del amor. La segunda, la mujer «fría», un tipo que sí se da más entre la población femenina de nuestro país, tan sólo presenta mayores dificultades para la excitación; pero una vez provocada por el varón, su capacidad de orgasmo es total.

Quizá este matiz es el que justifique muchas conductas referidas a la mujer española. Y, por supuesto, tiene relación directa con las observaciones que hace en su estudio el doctor Lee Rainwater, que llevó a cabo una encuesta sobre mujeres casadas en la clase baja norteamericana, donde se encontró con un profundo malestar sexual.

Algunas de las declaraciones que obtuvo este doctor americano tuvieron este tono:

«Yo sería feliz si no tuviera que volver a hacerlo; es asqueroso.»

Resulta, sin embargo, curioso comparar los porcentajes de satisfacción y acoplamiento sexual entre la clase media americana y la clase baja. Mientras que en la primera el 50 por 100 de mujeres muestran un gran interés por la relación sexual con sus maridos y sólo tres de cada cien rechazan esa relación sexual, o les resulta «asquerosa» como especificaba la respuesta anterior, en la clase baja solamente veinte de cada cien mujeres muestran «un gran interés» y otras veinte de cada cien lo rechazan.

La conclusión es rotunda y afecta al nivel cultural. De igual manera, Lee Rainwater obtiene otra conclusión: que en la medida en que la educación de la mujer casada es menor, tanto más tiende a considerar el sexo como un deber, rehusándolo con menor frecuencia, aunque esto pueda parecer contradictorio.

Los resultados no están tan lejos de la realidad de muchas españolas, que, efectivamente, sostienen una alta frecuencia de relación, impuesta siempre por el marido, pero que no han llegado al acoplamiento sexual, que lo hacen sólo como obligación que aceptaron ante el altar, y también podrían llegar a decir (de hecho, lo dicen) que serían más felices si no tuvieran que volver a «hacerlo», porque «es asqueroso».

* * *

El acoplamiento sexual de ninguna manera significa un mayor ritmo en las relaciones sexuales. Puede ser todo lo contrario también. Eso lo dicen con picardía algunos españoles «corridos», cuando apuntan que «lo importante es la calidad y no la cantidad».

No obstante, se produce una relación muy estrecha entre la mujer muy activa sexualmente y el acoplamiento sexual con su pareja. Puede decirse que la española que ha sido capaz de tomar, aunque ligeramente, la iniciativa sexual, tiene garantizada su máxima gratificación y el verdadero acoplamiento al sexo de su marido.

Recogemos, por su evidente interés, un texto que alude a la racionalización del acto sexual y, por tanto, a la búsqueda del acoplamiento, un texto escrito por un inglés en el siglo XIX, que, teniendo grandes vivencias amatorias y sexuales, se atrevió a escribir un diario donde analiza en su profundidad el acto del amor.

La cita es valiosa, sin duda. La obra fue impresa a finales del siglo XIX, en plena etapa victoriana europea, en una tirada restringida de seis ejemplares. Al parecer, tres de ellos se han perdido, y quien aportaba el párrafo era un médico de la provincia de Badajoz, el doctor Gómez García, que lo dio a conocer en la revista *Sexualmédica,* de difusión restringida entre la clase médica. El párrafo aludido dice así:

La imaginación juega un papel primordial en el coito humano, y gracias a ella el placer sexual es reforzado en tales proporciones que sobrepasa de lejos la simple animalidad. Es el cerebro el que confiere al acoplamiento su carácter etéreo, tanto más divinizado en cuanto que alcanza entonces su más alto grado de excitación y de actividad. El factor cerebral interviene para evocar la voluptuosidad, sugerir los preliminares eróticos, prolonga e intensifica el placer de un acto que simples animales, «las bestias», comienzan y acaban en algunos momentos. Los seres humanos se acoplan sin reflexión y prontamente se rebajan al rango de las bestias, porque, para ellos, no se trata ahí nada más que de un acto animal. No es lo mismo para los que retrasan, prolongan, modelan y acrecientan su placer; es en esto donde reside su superioridad en relación con las bestias, los animales.

Los actos de los individuos en privado no conciernen nada más que a ellos. Una pareja o un número mayor de parejas pueden experimentar placer en lo que otros clarificarían de bestial, a pesar de que los animales no realizan nada parecido, pero que, para ellos, representa el más intenso de los placeres físicos y cerebrales. Sin duda, cada ser humano oculta un fenómeno de lubricidad que satisface sin querer confesarlo; sin embargo, se apresura a tratar de bestial cualquier mal llamada perversidad si se entera de que sus vecinos la practican; así, juzga tales materias según sus nociones admitidas, o más bien las declaraciones, y califica todo desbordamiento sexual o divertimiento erótico de «bestial», sin contar con el breve coito animal.

En realidad, son los que se acoplan sin variedad, reflexión o alma los que se pueden calificar de bestias, porque procrean como lo hacen las bestias y nada más. En los animales, el acoplamiento se realiza sin aparte cerebral; entre los seres humanos, más evolucionados, el acoplamiento es realizado con la ayuda del cerebro. Sin embargo, este ejercicio de inteligencia aplicado al coito es calificado de bestial por el ignorante, el mismo que ha imaginado todo un abanico de términos ofensivos destinados a expresar su desaprobación. Su óptica sobre la armoniosa unión del hombre y la mujer, que es el amor, no admite más que unos roces, una mirada, un vago respiro del sexo y un breve acoplamiento; ¡qué actitud, por tanto, más animal que ésa!»

El hecho de que el doctor Gómez García haya podido rescatar este escrito nos permite ofrecer un razonamiento diferente al que hasta ahora ha sido convencional sobre la racionalidad del comportamiento sexual, punto en el que también coincide el doctor Ira L. Reiss, y una justificación de la necesidad del acoplamiento sexual, que evita nuestra propia defensa y facilita a la española el entendimiento de esta cuestión, tan importante y fundamental.

Existe una razón, también importante, que tiene relación con el escaso acoplamiento sexual que la española ha alcanzado y del que quizá no hemos hablado en capítulos precedentes. Se trata de la importancia de la higiene, precisamente, en toda la relación sexual.

Es frecuente la queja de las españolas en cuanto se refiere a la escasa higiene que guardan algunos maridos. Muy probablemente, esa falta de higiene ha influido más de lo conveniente en la desgana o aversión por el acto sexual. Es cierto que la higiene es una conquista más de la sociedad desarrollada y que a medida que un pueblo eleva su nivel socio-económico-cultural, las reglas de higiene aumentan en proporción.

Muchas españolas que, por mil motivos ya apuntados, no se muestran activas ante el momento de realizar el amor, reconocen con frecuencia que se encuentran ante el asedio amoroso de su marido en condiciones verdaderamente desfavorables, y que más de una vez han tenido que exclamar, rompiendo todo un clima romántico y adormecedor:

—¡Cómo te huelen los pies, majo!

Pero, como es obvio, el hecho de que los pies despidan olor, no es precisamente lo peor de todo.

Efectivamente, para que el acoplamiento sexual se produzca, son necesarias las condiciones más favorables, tanto físicas como psíquicas y espirituales, entre los dos. Y aunque pueda ser verdad lo que viene a decir la canción de que la española cuando ama es que ama de verdad, y aunque sea una realidad el entronque espiritual de la pareja, no es menos cierto que la falta adecuada de higiene vendrá a poner una muralla entre los dos y vendrá a dificultar (de hecho dificulta) el encuentro sexual y, por tanto, su adecuado acoplamiento.

Algunas españolas, pero sobre todo algunos españoles que se sienten aventajadillos en estas cuestiones del amor, piensan que sólo es posible ese acoplamiento por el que nos estamos interesando cuando se conocen todas las «reglas» y las modernas «técnicas» del amor. Por supuesto, cuando la española se las quiere dar de experta, o cuando lo pretende el español, viene a citar inmediatamente el *Kama-Sutra,* con sus numerosas formas y variaciones de efectuar el lenguaje coital.

No se nos antoja preciso tener que decir aquí que se puede llegar al acoplamiento de los sexos a través de una postura o forma puramente convencional, como de hecho sucede. De la misma manera podemos añadir que la variación evita la monotonía, a la que ya hicimos referencia, pero que, sobre todo, el amor exige a los cónyuges más entrega e improvisación que técnica, aunque sea una verdad que algunos expertos recomiendan a los esposos que, al menos cada cinco o siete años, tenga lugar una cierta reconversión del juego erótico y sexual, de forma que el acoplamiento vaya siendo cada vez más profundo, perfecto y real.

Sí es el momento de apuntar que la española, generalmente, tiene la convicción de que la forma más perfecta de realizar el amor es precisamente ella colocada debajo y el marido arriba.

Sin ninguna duda, esta posición es la más convencional; pero no por eso la más idónea.

La simple inversión de los cuerpos (el marido debajo y la mujer arriba) ofrece mejores condiciones para la realización del acto de amor, pone a la mujer en disposición de alcanzar un comportamiento activo y, desde el punto de vista exclusivo de la dotación erótica de la pareja, facilita la conquista del clímax final.

Dada la actitud de la española frente al coito, es muy posible que su reacción no sea inmediata a la hora de invertir los papeles en el juego del amor; pero cuando se ha decidido a abordarlo, cuando simplemente ha cambiado de posición, ha encontrado otras satisfacciones prolongando su momento de amor.

Por supuesto, al varón español le viene sucediendo lo mismo. La chistografía española, que ha sido la única capaz de penetrar en las cuestiones del sexo menos timoratamente y poniendo a veces «las peras al cuarto», recoge casi magistralmente esa situación en el chiste que se cuenta del pueblerino que llega un día a la capital, dejándose en la casa a su mujer y los doce hijos que han concebido.

El españolito, que se deslumbra de muchas cosas, quizá porque su viaje tenía lugar en otras épocas de difícil y escasa comunicación, recorre las anchas avenidas y los lugares comunes, compra regalos innecesarios en los grandes almacenes y, por supuesto, acude al espectáculo de una revista del género frivolón, terminando la noche en un burdel, de los que tienen fama universal en provincias. Aquella noche, el inocente español vive la sensación más tremenda del amor y prorrumpe en sollozos tras el orgasmo. No se lo puede creer... Y cuando de madrugada, de vuelta a su pensión, piensa en su casa, en su mujer y en sus doce hijos, dice, como arrepentido de tanta fecundación: «Ya se lo diré yo a esta mujer; cuando llegue, "tu-ru-ru".»

* * *

Para la española de ayer, la que ha venido siendo protagonista principal en muchos capítulos, el acoplamiento sexual no existe en su matrimonio, o se trata de algo muy diferente. Una gran mayoría de las mujeres de nuestro país piensa que eso del acoplamiento o de la armonía sexual se refiere exclusivamente a la capacidad de entrega, al número de veces en que por amor, y también por honor, se presta una española a la interrelación sexual con su marido.

Así, es posible escuchar de muchas españolas cómo dicen con evidente orgullo.

—Yo llevo veinte años de casada y nunca jamás me he negado a mi marido. Siempre que me necesita, me encuentra, aunque yo no lo desee.

Podría ser verdaderamente encomiable; pero, sin embargo, no deja de ser tan triste como frustrante.

La evidente falta de comunicación, la falta de sinceridad, que sin ninguna duda recibe los refuerzos de la inhibición, es una de las causas más definitivas en la desarmonía sexual y conyugal. La española no se siente, en absoluto, dispuesta a dialogar con su marido del tema erótico-sexual, porque tiene la convicción de que eso es algo en lo que una mujer decente no debe nunca caer. Y considera además una gran bajeza proferir un deseo.

—Jamás nunca yo le pedí nada a él... —sostiene.

Y vuelve a exclamarlo con vanidad, con un poquito de orgullo y de soberbia española, que, cuando es femenina, siempre es mayor.

Antes de poder alcanzar un acoplamiento sexual adecuado, la española tiene que llegar al convencimiento de que la sexualidad no es un fenómeno puramente fisiológico, sino un elemento más, un aspecto importante más, integrador de la bipersonalidad que tiene y adquiere la pareja, y que participa activamente en el sostenimiento y la pura concordia matrimonial.

Para señalar algunas de las condiciones que acentúan la desarmonía sexual de las parejas españolas, habría que citar, además de la ya tratada e histórica represión femenina, y de la destacada agresividad del varón, la inexperiencia real que arrastra el español, los problemas provocados por la eyaculación precoz, la fatiga que a lo largo de los años muestra también el varón y la indiferencia sexual a la que se llega, después de los años, precisamente por falta de armonía y de mutua satisfacción.

La española que ha llegado al acoplamiento sexual en su relación matrimonial lo ha hecho de diferentes modos, pero siempre después de haber sabido vencer y superar el tema tabú, siempre después de haber madurado en el aspecto sexual, después de haber dialogado con su marido de sus apetencias y sus necesidades, de lo que provoca en ella excitación o no y, por tanto, mayores posibilidades de erotización. Habrá llegado al acoplamiento ideal a través de una progresión permanente en sus manifestaciones sexuales, encabezadas por el marido; destruyendo radicalmente la «frialdad» típica atribuida al sexo femenino; eliminando falsos errores, calificados de actos de perversión; descubriendo paulatinamente las zonas erógenas, tanto del cuerpo femenino como del varón; ampliando las posibilidades eróticas de lo puramente genital; descubriendo caminos nuevos de expresión sexual, ante lo que no se impone ninguna limitación..., y así, evolucionando cada día hacia una integración más auténtica y real, que también establece la medida del verdadero amor.

Las españolas, a través del acoplamiento sexual, pueden salvar un matrimonio que presente otras incompatibilidades. Cuando, además de las otras incompatibilidades, la pareja tampoco es capaz de encontrar la armonía sexual, la tarea se hace más ardua y difícil.

En ocasiones, algunas españolas encontraron su acoplamiento lejos del ambiente natural en que normalmente se desenvuelve la pareja. Conocemos numerosos casos de mujeres que, pese a su deseo, no habían encontrado la expresión erótica ideal en su matrimonio, y, sin embargo, cuando ocasionalmente se alejaron de su entorno, cuando se apartaron de los esquemas clásicos en que se desenvolvía su amor, lograron dar con la solución.

Hoy es habitual que algunas de las jovencitas que frecuentan la universidad, cuando abordan el tema del matrimonio y el tema del amor, digan —con cierto aire novelesco o de manual sexual— que ellas quieren ser para sus maridos «esposas, madres, hermanas, compañeras, amantes y amigas». Posiblemente, cuando la española se empeñe, también lo conseguirá; pero quizá baste (basta en la realidad) con ser la esposa total, sin limitaciones de ninguna índole, y menos con limitaciones en el aspecto sexual.

Efectivamente, una manera de llegar al acoplamiento después de un tiempo de aburrimiento o de tedio sexual es buscar las soluciones que puedan aproximarse al máximo a lo que sería un claro «amancebamiento», pero entre la pareja conyugal. Instintivamente, por vía natural, algunas españolas lo han conseguido.

—Yo procuro buscar algún fin de semana para que mi marido me lleve por ahí..., y nos portamos como dos verdaderos amantes.

Era el testimonio de una española satisfecha sexualmente y acoplada. Es posible que otras muchas profieran una exclamación y digan que eso no lo pueden hacer, que si los niños, que qué hacemos con ellos, que dónde vamos con el presupuesto que tenemos, que quién es la guapa que se pone a estas alturas a jugar a los amantes, cuando hay tantas cosas que lavar... Pero, en definitiva, es algo por lo que, poco a poco, va entrando la española en su carrera hacia el acoplamiento sexual.

A lo mejor resulta que en uno de esos viajes, o en una de las escapadas del matrimonio a un motel, se encuentran con la sorpresa y la duda impertinente de alguien que les toma por una pareja ilegal y que se pone terco exigiendo el libro familiar. Si es así, la aventura tendrá el «picante» de lo ilegítimo y clandestino, y el éxito será mayor.

Y, naturalmente, eso, en nuestros días, todavía puede pasar... Está pasando.

La mujer hueca y... el suplicio del climaterio

HABIENDO sido, durante tanto tiempo, el temor de la española a sus múltiples embarazos uno de los temas más preocupantes y que más severamente han influido en su falta de una auténtica sexualidad, se hace difícil entender que cuando esta posibilidad se elude (por una pura cuestión patológica y quirúrgica, a la vez que necesaria) su sexualidad no se revitalice más, sino que, por el contrario, disminuya aún más su apetencia sexual y a partir de entonces sea víctima de una fuerte retracción.

Pues bien, aunque pueda parecer extraño, la española que ha estado sosteniendo en su matrimonio unas relaciones sexuales imperfectas e insatisfactorias (como puede ser a través del *coitus interruptus*), precisamente para restringir su fertilidad y evitar el aumento de la «prole», si por una determinada anomalía en sus genitales tiene que ser intervenida quirúrgicamente y pierde su útero o matriz, a partir de ese mismo momento se considera mujer muerta sexualmente, indispuesta para el amor.

Pero no se trata solamente de una falsa interpretación personal, sino que tiene rango de problemática social. Eso es algo que admite y hasta refuerza la propia sociedad, y que, incluso, predispone a los maridos españoles, modificando sus actitudes.

Así es como ha nacido en España el mito de la mujer «hueca» y «asexuada».

En multitud de ocasiones, cuando quizá se encuentran varias españolas y abordan el tema de la natalidad (ya que difícilmente lo harán sobre la sexualidad), siempre hay una en la reunión, que a lo mejor tiene lugar en la antesala del ginecólogo, que se ve obligada a confesar con evidente aflicción que ella no, que ella está hueca y no pasa por tales problemas. Resulta un espectáculo verdaderamente triste ver a la pobre confesar su incapacidad, como si ante las demás se sintiera menos mujer.

«Estar hueca» es, para la española, una desgracia. «Estar hueca» puede ser un insulto entre vecinas que se odian a matar. «Estar hueca» es una deficiencia imperdonable, una disminución de la feminidad, algo que íntimamente rebaja y hasta humilla a la mujer. Eso es lo que se piensa.

Y, como consecuencia de todo ello, la mujer «hueca», que se siente «asexuada» porque ha perdido su matriz, estrangula radicalmente toda posible sexualidad, se condena a sí misma (y a su marido) a la más mínima interrelación sexual.

Difícilmente un español a quien se le practique la extirpación de un testículo va a sentirse absolutamente incapacitado para sostener relaciones sexuales a lo largo de su vida.

Otra cosa es que tanto un hombre como una mujer que han perdido la capacidad de engendrar atraviesen pasajeramente por un trauma psicológico; pero de esto a pensar que se ha perdido toda capacidad para amar y para llegar a la culminación de ese amor a través de la relación coital, existe una diferencia muy considerable y perturbadora tal vez.

En realidad, la «mujer hueca», como se entiende en España, no existe. Existe, sí, la mujer que ha sufrido una histerectomía, la que ha perdido su matriz y, por tanto, su futura posibilidad maternal, pero nada más...

«Ya no vale para tener más hijos...» es el comentario ante un caso conocido. Y cuando se responde: «pobrecilla», no se está pensando en que a lo mejor tiene una familia muy feliz, grande, numerosa, de cuatro o cinco hijos, sino que se está pensando en que la pobre, tan joven («porque todavía era joven, ¿eh?») ha dejado para siempre de gozar.

¿Cómo va a tener relaciones una mujer que no puede concebir?... se piensa. Mientras la infecundidad, o la esterilidad no se demuestra, como en *Yerma,* que lo sigue intentando afanosamente y con pasión, todavía la mujer tiene el perdón; pero cuando ha perdido su matriz y sigue sosteniendo relaciones sexuales, por puro placer, es que es una mala mujer. Así era, ha sido durante mucho tiempo en España, y todavía es, el rasero de medir el comportamiento sexual de la mujer.

Naturalmente, hoy, la escasa educación sexual que ha autoalcanzado la mujer ha podido ser suficiente como para que se entienda que no tiene nada que ver la genitalidad con la sexualidad, y que tampoco tienen nada que ver el clítoris y la vagina con la matriz. Posiblemente, hasta llegar a este momento, la mujer española pensaba que lo único que tenía dentro de sí y que la diferenciaba del hombre (del pene) era su matriz. Los otros factores o elementos sexuales femeninos no existían, ni, por supuesto, existían las zonas erógenas en su constitución.

No obstante, las cosas siguen estando tan poco claras en la mente de una gran mayoría de españolas, que cuando acuden a la consulta del ginecólogo y éste explica que la mujer hueca puede hacer perfectamente su vida sexual en las mismas condiciones orgásticas y de placer, con la misma funcionalidad, y que sigue teniendo la misma percepción sensitiva y erógena, de la misma manera que sigue lubricando la vagina, para facilitar la aptitud del coito, la pobre no lo puede asimilar, y repregunta con asombro:

—¿Pero entonces, doctor, es que todo sigue igual?...

—Naturalmente que todo sigue igual. ¿Acaso no siente usted el mismo placer que antes de perder la matriz?

Y la respuesta, frecuentemente, tiene un tono así:

—No, doctor, verá: es que desde entonces mi marido y yo no hemos vuelto a hacer más uso del matrimonio...

Como es de suponer, a partir de esos momentos, si la española es mínimamente capaz, quien se lleva la sorpresa es el marido, para quien se terminan en ese instante las libertades que nunca se debió tomar.

De alguna manera, el tema de la mujer «hueca» tiene en nuestro país relación directa con la problemática por la que pasa la mujer en su fase de aproximación climatérica, cuando llega la menopausia y la regla pone su punto final.

* * *

Naturalmente, si una mujer joven a quien se le provoca una extracción del útero es considerada sexualmente «muerta» en nuestro país, una mujer madura que llega a su climaterio con evidentes trastornos y alteraciones que puede advertir toda aquella persona que se mueva en su círculo, es también víctima de la misma consideración. Todo viene a estar en función del valor concedido socialmente a la genitalidad. Y en todo el mundo occidental lo ha tenido.

El problema no es, ni mucho menos, exclusivamente español. Y sólo desde hace una década se le ha prestado la atención que merece, y sólo desde entonces la mujer ha podido desprenderse del trauma que significaba llegar a estos años llamados «peligrosos» o menopáusicos de su climaterio.

El experto O. Kolle define magistralmente lo que significa en la mente femenina (lo que significaba, mejor dicho) cruzar la línea de sus años climatéricos:

Para muchas mujeres el climaterio es una palabra terrible. Piensan en ello con un estremecimiento secreto mucho antes de que les llegue ese período. Y cuando al fin han llegado a esa crisis, hacen del climaterio el responsable de todas las miserias de su vida. Innumerables mujeres piensan que con los años climatéricos empieza su vejez. Entonces se sienten sólo mujeres a medias, sin esperanzas de amor y de satisfacción femenina. Y precisamente es este miedo el que se convierte en la causa de perturbaciones físicas y psíquicas, o agudiza las dificultades inevitables, hasta que se vuelven insoportables. Es un círculo vicioso.

El problema no ha sido resuelto en absoluto. Sin embargo, en los últimos años se viene asistiendo a un deseo por parte de la mujer española de superar el «calvario» que suponía entrar en la fase climatérica. Cada vez es más frecuente el que la mujer acuda a su ginecólogo pidiendo consejo para estos años y solicitando tratamiento.

Ni siquiera los médicos, o los ginecólogos, están en este punto de acuerdo. Mientras que unos, con ideas tradicionales, piensan que el climaterio, como fase natural que es de la feminidad, tiene que hacer presa en la mujer y cuanto más rápidamente lo asimile, mejor; otros, más actuales, después de investigaciones profundas sobre las hormonas femeninas, y bajo las bases asentadas en algunos congresos internacionales, defienden la tesis de que el ideal sería que la mujer tuviera el equilibrio sexual-hormonal durante toda su vida y que, por tanto, se debe prolongar hasta el máximo de tiempo su menstruación, retrasando cuanto se pueda su climaterio y preparándola para que ese momento no suponga ningún desequilibrio ni psíquico ni físico.

A través de estas tesis de actualidad, que no se remontan, como decimos, más allá de diez años, se tiene la convicción de que, a más años de menstruación en la mujer, más años de juventud. Lo que ocurre es que la mujer, ante esta cuestión del climaterio, está supeditada en todo a las directrices de su ginecólogo.

En realidad, la mujer española ha relacionado siempre su menopausia con la senilidad, y tan pronto como traspasaba el umbral premenopáusico, se producía en ella un envejecimiento vertiginoso. Eso llevaba consigo, además del encogimiento físico, un replegamiento social inadecuado, una reducción exagerada de su actividad sexual y hasta una pérdida del sentido de la feminidad, que dependía fundamentalmente de unos esquemas mentales totalmente falsos.

Marañón establece tres períodos muy claros y diferenciados en el climaterio femenino: el premenopáusico, que viene a ser el «aviso», con alteraciones hormonales y menstruales, algunos ligeros dolores y una sensación imprecisa de malestar; el menopáusico, propiamente dicho, cuando la regla desaparece, aunque todavía pueda mancharse en determinada ocasión, y el postmenopáusico, o climaterio real, cuando los ovarios pierden toda su actividad y el mecanismo femenino comienza a generar hormonas masculinas, función natural que, por supuesto, también tiene su tratamiento.

La aplicación de estrógeno por vía oral viene a compensar en esta mujer la falta de función estrogénica y a evitar con ello la virilización.

Teniendo en cuenta que la fase premenopáusica puede llegarle a la mujer a partir de los cuarenta años, y partiendo de los porcentajes establecidos, sobre los que se puede indicar que aproximadamente del 60 al 65 por 100 de las mujeres tienen su menopausia entre los cuarenta y cincuenta años, podemos explicarnos cómo, en épocas anteriores, la mujer española no sólo se avejentaba prematuramente, sino que en el ciclo de su propia juventud veía cambiar sus caracteres, perder parte de su feminidad y adoptar un comportamiento social más próximo al del varón.

La actitud de la española de nuestro tiempo ante el problema (porque era problema) de su menopausia, ha evidenciado un cambio considerable. La sexualización a la que ha ido llegando nuestra sociedad no permite a la mujer (ni siquiera a la española) perder sus posibilidades eróticas a una edad en que el ser humano, como realización, se encuentra en su punto culminante.

Todo español, hombre o mujer, ha tenido a su lado a una menopáusica (madres, tías, hermanas, esposas, suegras...) a la que han visto con graves perturbaciones y a la que incluso han podido llegar a compadecer. Efectivamente, la brusquedad con que se presentaba en la mujer su fase climatérica era tal, que caía víctima unas veces de la apatía total, y otras, de las depresiones y los temores, de las angustias injustificadas, de las sospechas torpes e infundadas o de una excesiva irritabilidad, que al final podían degenerar en el desquiciamiento mental y, ocasionalmente, desencadenar problemas familiares.

Ante el adecuado tratamiento hormonal, los problemas pueden desaparecer. De lo que se trata especialmente es de prolongar el equilibrio hormonal en la mujer y de conseguir que el paso de la fase premenopáusica al climaterio no suponga un desequilibrio en ningún orden y que, por el contrario, esté en condiciones de asimilarlo toda mujer.

Hasta el momento en que la ginecología ha llegado a estas conclusiones persistía la creencia de que «eso» que le ocurría a la mujer era altamente perjudicial, y cuando se prolongaba el tiempo de una a otra fase, «se corría el peligro» de que aquello «se le subiera a la cabeza» y se convirtiera en algo fatal.

Hoy es posible hablar de españolas que, incluso habiendo superado los «cincuenta y muchos» años, siguen teniendo su menstruación, aunque ésta sea sostenida de manera artificial. Estas mujeres son precisamente quienes se muestran más activas, quienes se siguen considerando bonitas y competidoras en el amor, quienes acentúan su coquetería, e incluso, cuando en años anteriores no han vivido una plena y satisfactoria actividad sexual, se sienten muy dispuestas a conseguirla y, por supuesto, están en condiciones de hacerlo realidad.

Esto provoca también tal cambio de actitudes que, además de desterrar de cara al futuro viejos dichos como: «a la vejez, viruelas...» (llamando «viruelas» a la necesidad), o el otro que dice: «a los sesenta, retrenta», puede significar una importante conquista femenina con dimensión social.

Sin embargo, todo ello no evita que en algunos (o en más que algunos) pueblos de España las vecinas acudan a medianoche con los cencerros colgando cuando una pareja de por encima de los cincuenta años se ha casado.

Seguro que en España los cencerros todavía sonarán.

* * *

La incógnita que ahora se plantean muchas españolas ante su climaterio es si aumenta o disminuye su sexualidad.

Por encima de otros problemas, que hemos enumerado, cuando una española llega hasta el ginecólogo en busca de un tratamiento adecuado de hormonas, pregunta:

—¿Y tendré apetencias sexuales, doctor, o no?...

El ginecólogo, generalmente, está en disposición de poder responder que sí cuando él la asiste con su tratamiento. Sin embargo, la fase climatérica es muy peculiar en cada mujer, según haya transcurrido anteriormente su vida sexual, afectiva e incluso social, por lo que se hace muy difícil, en este caso, la generalización.

No obstante, podemos decir que una cierta mayoría de mujeres, precisamente en estos años, y contra lo que se podía sospechar hace unas décadas, ve cómo aumenta, y muy considerablemente, su apetito sexual.

No es temerario decir que, con relativa seguridad, en las españolas que actualmente tienen estos años, es en el estrato donde mayor número de insatisfacciones sexuales (y también de otro tipo) se dan.

Toda esa carga tradicional que imponía a la mujer la abstinencia sexual porque había llegado a los «años peligrosos» y porque había perdido su capacidad para engendrar, no se borra con facilidad. Y, concretamente, el marido español desconoce en la mayoría de los casos la transformación profunda que se está produciendo en su mujer y, por tanto, que ella puede ofrecer una mayor demanda de la actividad sexual.

Puede ser gráfica la frase de una española en período de tratamiento, que después de «descubrir» su mayor apetencia y de ser consciente de la natural progresión de su hipersexualidad, se desahogó con el médico y le dijo:

—Es que mi marido ya no me sirve, doctor:

La exacerbación de la libido puede ser, y de hecho es, tan considerable que realmente supera la concupiscencia del marido en esa edad. De modo que, aunque sea duro el admitirlo, es algo general el hecho de que un español de más de cincuenta años no pueda responder a la demanda erótico-sexual de su mujer.

Como es fácil suponer, todos los problemas sexológicos están relacionados entre sí (como están relacionados los problemas de todo ser humano con el comportamiento sexual) de forma que esta mayor demanda de la mujer, a partir de su edad climatérica, solamente planteará problemas al marido cuando su educación sexual sea tan mínima, o sus represiones tan máximas, que no conozca las posibilidades reales de su propia capacidad.

No hay nada que confirme la mejor armonía sexual de un matrimonio sexagenario que su propia apariencia jovial. La pareja española que sigue amándose después de más de treinta años de matrimonio, que sigue compartiendo su vida y sosteniendo una comunicación integral, y que consigue acoplar el ritmo de su sexualidad, es, precisamente, esa pareja envidiable que se conserva física y psíquicamente, que frecuenta los círculos sociales con asiduidad y que ha encontrado el verdadero acoplamiento emocional.

Las españolas, en ocasiones determinadas, comentan con una cierta sorpresa el buen estado en que encuentran a muchas mujeres europeas que han rebasado esa edad de su climaterio. Son frecuentes las turistas que vienen a nuestras costas (no todas, como podemos observar) que han rebasado los cincuenta y sesenta años y que están en perfectas condiciones de alardear de una juventud que, por supuesto, está muy lejos de la que pueden sentir nuestras viejas matronas, aquellas matronas de Castilla, Galicia o Andalucía, de las que hablábamos con más asiduidad en los primeros capítulos de este libro.

Otro de los asombros a los que ha estado sometida la española ha sido el encontrar que aquellas actrices o cantantes, o simplemente señoras de la más alta sociedad, que conocieron en sus años juveniles, cuando tenían su misma edad, aún se conservan con manifiesta juventud y hasta incluso alardean de sus cualidades eróticas, y hasta confiesan sus apasionados amores, justificando que viven una «segunda adolescencia».

En definitiva, no se trata más que de un claro enfrentamiento al llamado suplicio del climaterio. Sin duda, tratamientos hormonales, o la simple disposición de ánimo para afrontar con éxito estos años, ha sido en España, durante mucho tiempo también, privativo de una clase especial, de una determinada mujer de la más alta esfera social; pero en estos momentos de transformación de nuestra sociedad, las mismas actitudes y los tratamientos científicos o psicológicos a los que aquéllas se sometían, son de ámbito popular. Y como es una evidencia que la actitud ha cambiado, está cambiando, en cuanto se relaciona con el fenómeno menopáusico, también será una realidad española el hecho de que nuestras mujeres conserven durante más años su feminidad, su función orgástica y su juventud.

Aunque para entonces el problema entrará (como otros tantos) en el sector varonil. Porque puede suceder —como también está sucediendo— que la mujer española avance con excesiva velocidad, no sólo ante su comportamiento sexológico, sino ante otras esferas de su personalidad y otros esquemas puramente sociales, y el español (que ha sido siempre el emancipado, en comparación) se encuentre rebasado, volviéndose la problemática del revés.

El hecho de que muchas españolas en estos momentos puedan decir al doctor que su marido «no les sirve», es algo muy a tener en cuenta y que también viene a confirmar cómo la evolución femenina que se ha producido en nuestro país en los últimos años, sobre todo ante su comportamiento sexual, ha sido vertiginosa y amenaza con dejar al español muy atrás.

Por lo demás, podemos decir que de igual manera que «estar con el mes» era un insulto puesto en boca de una española o un español, «tener la menopausia» es algo todavía peor.

En la opinión general del pueblo español, la menopausia está muy ligada a la histeria, a los instintos caprichosos, al malhumor, a la arbitrariedad, y, en definitiva, al canalleo clásico del que está en situación de poder incordiar. Por eso es muy corriente que en la oficina se diga del jefe:

«¡Bah!... Está con la menopausia.»

Eso, además de significar que está loco, que por supuesto no tiene razón, viene a decir que lo mejor es no hacerle caso y dejarle en paz, porque el pobrecito tiene «lo suyo» ya.

Perversión 'a la española'

UN grupo de jóvenes españolas (solteras y casadas) de entre veinte y veintiséis años, con quienes nos entrevistamos largamente, dejaron sentado muy claro que ellas, en el amor, lo esperaban todo del hombre. Cuando se habían entregado a su marido, o a su pareja, sólo por puro amor, con una actitud además muy liberal, lejos de prejuicios que habían logrado desechar, no sabían otra cosa más que debían de tumbarse «así» (muy gráficamente lo explicaban), que debían de derramar entonces todo su sentimiento amoroso sobre el hombre y que debían esperar a que él, el joven marido, o el joven amante, tomara toda su iniciativa, absolutamente toda.

A través de profundos análisis e interrogatorios, pudimos llegar a entender que para esta española, incluso la que mostraba un comportamiento más adecuado a la actitud liberal, cualquier otra manera de mostrarse ante el amor hubiera sido síntoma de perversión. Para la española es una perversión el sólo hecho de indagar en el secreto del orgasmo; para la española es una perversión forzar el acoplamiento de los sexos; para la española es una perversión transgredir la forma convencional de realizar el acto de amor; para la española es una perversión erotizar los momentos preliminares que favorecen el acto de amor; más todavía, es una perversión, generalmente, el simple hecho de solicitar el amor...

En su ensayo sobre las diferencias entre el hombre y la mujer, Theo Lang, escribe:

En nuestros días se exige abiertamente que la mujer obtenga el mismo placer sexual que el hombre dentro del matrimonio. Hace un siglo, se consideraba impropia esta exigencia, hasta el punto de que era una indecencia sugerir que las mujeres demandaran satisfacción de sus deseos eróticos; incluso se dudaba de si una mujer debería tener tales deseos.

Pero la española todavía vivía ese problema más agudizado, si cabe. El simple deseo sexual femenino era sintomático también de perversión. Quizás por eso dice el refranero popular: «Más vale casarse que abrasarse»...

Todo esto viene simplemente a revelar que la perversión tiene matices diferentes. Y que se da una perversión muy peculiar, típicamente «a la española», como tantas cosas que ciertamente fomentan el vicio de seguir afirmando que nuestro país «es diferente».

Sin duda ninguna, la prostitución es una de las perversiones más determinantes del sexo femenino. Y la prostitución precisamente, la profesión más ancestral de la mujer, ha tenido también su larga pervivencia en la sociedad española, a través de los siglos, como aún la tiene. Sin embargo, hasta cabría decir que la prostitución española ha tenido signos de perversión muy diferente, también.

Recuérdese que la prostitución fue prohibida en España con fecha muy reciente. El 3 de marzo de 1956 fue aprobado en el consejo de ministros el decreto-ley que prohibía textualmente «las mancebías y casas de tolerancia». El decreto constaba de siete artículos y los dos primeros decían así:

Primero: Velando por la dignidad de la mujer y en interés de la moral social, se declara tráfico ilícito la prostitución.

Segundo: Quedan prohibidas en todo el territorio nacional las mancebías y casas de tolerancia, cualesquiera que fueran su denominación y los fines aparentemente lícitos a que declaren dedicarse para encubrir su verdadero objeto.

Comentando el tema, la condesa de Campo Alange, en su libro sobre la mujer española, cuenta como nota cómica el hecho de que, en 1961, con motivo de haberse concedido a la mujer los nuevos derechos profesionales y de trabajo, dos profesionales de la prostitución acudieron a visitar a una alta personalidad femenina, a la que espetaron la siguiente frase:

«Venimos para pedir que ahora que se le ha concedido a la mujer el derecho de ejercer tantas profesiones, se nos conceda a nosotras el derecho de ejercer la nuestra.»

Pero lo que cabe añadir a esto, es que, pese a la prohibición, pese al decreto-ley, pese a la emancipación relativa de la mujer española, y pese a tantas cosas que tendríamos que considerar, se calcula que actualmente el número de prostitutas que hay en España es de más de medio millón. La cifra es considerable, ya que viene a representar que el tres por ciento de la población femenina española se dedica a la prostitución.

Según se desprende de un artículo publicado en una revista popular que defiende los intereses del consumidor (también la prostitución es una forma de consumo) la mayoría de las prostitutas españolas son «pobres muchachas» campesinas que tuvieron la mala fortuna de encontrarse con un mal hombre en su vida.

Ya en un capítulo anterior dijimos que el español había abocado la sexualidad femenina a dos únicas soluciones: el cilicio o la prostitución. Por lo tanto, la prostitución española es una consecuencia más del comportamiento del varón.

Según el estudio del doctor Juan Coderch, al que alude la revista del consumidor, en el setenta y tres por ciento de los casos, la mujer había desviado su vida hasta la prostitución por haberse convertido en madre soltera. Y del total de las prostitutas a las que el estudio se refería, podía establecerse que el sesenta y seis por ciento de ellas procedían del oficio de sirvientas y un dieciocho por ciento más habían trabajado en faenas agrícolas.

¿No es diferente incluso la prostitución española?...

Nuestras mujeres sienten una verdadera fobia por estas pobres muchachas, de facha indecente, llamativas o escandalosas, y, sin embargo, derramaron muchas lágrimas en su día cuando alguien con la apariencia o el estilo de Cristina Keeler (la famosa protagonista del escándalo Prófumo) fue condenada por los tribunales británicos.

«La fulana», con todo su arraigo popular en nuestro país, es una cosa. Y la «señorita de compañía», o la «azafata» que asiste al director general en las horas libres que le quedan en sus viajes-desplazamiento, otra muy diferente.

No obstante, el viejo estilo de la prostituta española de la pre-guerra o la postguerra ha quedado tan lejano, tan rebasado ya, tan trasnochado, que el autor de *Lola ,espejo oscuro,* Darío Fernández Flórez, se vio en la obligación de poner al día su personaje —el mismo— adecuándole a los tiempos más actuales. Y así le salió otro título y otra historia, que era *Nuevos lances y picardías de Lola, espejo oscuro.* Quizá porque las picardías de entonces eran picardías ingenuas, blancas picardías de «mujer mala» venida a menos, o porque, en el fondo, también han evolucionado los modos de perversión.

Quizá aquí sea oportuno (para no desvirtuar la verdadera historia) recordar, aun sin detalle, aquel viejo estilo de prostitución «a la española», encarnado por las populares «pajilleras».

Las «pajilleras» eran aquellas señoras que pernoctaban soterradamente por los barrios bajos o las afueras próximas de las capitales españolas, incluso que «habitaban» en los portales, que, primero por dos reales, luego por una peseta y, finalmente, por un duro, masturbaban soezmente a los muchachos de la pequeña y mediana burguesía española, cuando aún estos términos carecían de consistencia.

¿No es esto (o no era) otra forma diferente de prostitución a la española?...

Por otra parte, la prostituta española, que como hemos considerado en un principio, a veces llega a la «profesión» porque huye del ambiente nefasto de su casa, o porque tuvo un novio que la dejó (embarazada o no, pero la dejó), y que sin embargo todavía sueña con la redención de «un buen hombre» que la instale en su hogar, que le dé amor y le pida hijos, no ha alcanzado, ni mucho menos, los niveles de la europea (esa que se exhibe tras ciertos cristales acortinados en el mercado exterior) y, por supuesto, aún es víctima de la sorpresa, del temor y la indignación, cuando algún cliente con desviaciones sexuales exige números especiales, que corresponderían a una auténtica perversión.

Pese a todo lo dicho hasta ahora, conviene incluso señalar que, efectivamente, también un determinado sector de mujeres españolas participan de una perversión auténtica, escasamente atenuada en comparación con otras sociedades ajenas a la española.

Cada vez viene siendo más frecuente el que determinada clase de españolas se reúnan los lunes o los jueves para contarse «de pe a pa» las orgías y bacanales que vivieron el último fin de semana.

Pero dado el carácter especial —y de clase— que tiene este comportamiento importado del exterior, dado que no significa absolutamente nada en la dimensión popular en la que estamos retratando el comportamiento de la española, sobran las ampliaciones al tema. Lo cierto es que las orgías también se dan.

Otra cosa muy diferente es lo que en la conciencia de la española, por error, figura como perversión, que sí es motivo de análisis, ya que tiene carácter general y ya que está vinculado intrínsecamente al comportamiento típico y represivo de la mujer española.

Dado que la española, nuestra mujer típica, es la víctima de tanta ignorancia sexual, que no solamente amenaza con el equilibrio integral de las relaciones conyugales, ni con el ascenso gradual de su insatisfacción, sino que a veces lo pone en verdadero peligro por causa de sus deformaciones ante la imperiosa realidad del acoplamiento de los sexos, y dado que estos errores persisten tanto en la universitaria, como en la campesina, tanto en la trabajadora como en el ama de casa, es por lo que nos hemos planteado la necesidad de recoger en esta parte final del libro algunas de «esas cosas» que la española no hace, que no está dispuesta a hacer, precisamente porque piensa que caería en la perversidad.

La mujer española no conoce, por ejemplo, que pueden darse diversos grados de sensibilidad sexual, que, pese a la negación, hasta ahora, de la capacidad erótica y de orgasmo en la mujer, y al reconocimiento final de esto mismo, es evidente que cada mujer posee una determinada apetencia o intensidad sexual, que puede ir desde una estrella a las cinco estrellas. Que esta diversidad es natural y nunca se podrá pecar por exceso o por defecto. Que, además, la sensibilidad erótica femenina está sujeta, generalmente, a una cierta progresión, como incluso lo está a la posibilidad de la atrofia, que podría determinar una insensibilidad posterior.

La mujer española no conoce, por ejemplo, que ante el orgasmo caben manifestaciones muy diferentes: desde la situación placentera y silenciosa hasta el desvanecimiento, o la manifestación incontrolada y expresión sonora, que puede estallar en gritos o sollozos, o en gemidos rítmicos, pasando por infinitas reacciones más.

La española no conoce, por ejemplo, la conveniencia de que los cónyuges aborden, con sensibilidad, pero con naturalidad, el tema del sexo, así como que inicien la carrera hacia el acoplamiento sexual, que se tiene que producir, hasta llegar al momento considerado «ideal», que es el orgasmo simultáneo o compartido. Pero la española ignora también que el hecho de que el orgasmo compartido no se repita con asiduidad no es sintomático de un problema o de una desarmonía sexual.

La española desconoce a la vez que el marido está en disposición de que se le comunique, o se le haga entrever, su propia necesidad de satisfacer sus deseos eróticos, que pueden ser tanto constantes como ocasionales.

También desconoce la española, generalmente, el hecho real de que, en una sola relación sexual puede obtener más de un orgasmo, o tener un orgasmo más duradero que el del marido, sin que eso signifique ninguna perversión, o que por ello presente síntomas de ninfomanía, ya que tampoco la ninfomanía es una perversión. Gracias a ese libro tan popular de López Ibor, al que ya hemos aludido, y que algunas recién casadas han leído con tanta ansiedad como perplejidad, quizá sí sabe la española la diferencia que existe entre el orgasmo masculino y el femenino, así como las diversas gamas de orgasmos que se pueden obtener, incluso la diferencia que se puede dar a lo largo de varios años de vida conyugal.

La española tampoco conoce que la capacidad erótica del varón recibe estímulos visuales, mientras que la de la mujer tiene una mayor relación con las sensaciones auditivas, por lo que, inconscientemente quizá, solicita del cónyuge declaraciones permanentes de amor o, como en el caso de aquella pareja citada, otro vocabulario reactive su estimulación. Sí es más corriente, sin embargo, que la española conozca las zonas erógenas de su cuerpo, aunque menos las del varón, y que responda positivamente a la estimulación por las caricias del marido.

En definitiva, la española estima que todo aquello de lo que no ha oído hablar como algo natural puede ser el reflejo de su propia desviación, lo que constantemente está constriñendo su expresividad sexual y lo que la obliga a reprimirse más, para no caer en una actitud que ella, desacertadamente, entiende que puede ser una perversión.

¿Qué ocurriría en el alma de la española, de cualquier madre de familia del medio rural, si un día, su marido, que comienza a perder el interés por la convivencia sexual y que ha obtenido el importante consejo de un amigo para «salvar» esa situación, se encuentra con que el pobre hombre, con su mejor intención, le dice que se quite los trapajos de lavar y de fregar, que le excite o le estimule mostrándole su bien dotada pechera y que se meta entre las sábanas desnuda, sin el áspero camisón y dejando la luz encendida?...

Sin duda, la mujer, se quedaría horrorizada, pensaría que el marido tenía ideas malas en la cabeza («¿quién te las habrá metido?»), exclamaría que ella no es «ninguna fresca» para hacer tales cosas y comenzaría a pensar en su mala fortuna y en el triste día en que se había casado con un maníaco sexual, un depravado y un pervertido.

—Si es eso lo que quieres, vete por ahí a buscarlo. Yo sólo te puedo dar amor y muchos hijos... porque soy una mujer decente.

Pero profundizando en el verdadero problema y en el comportamiento general que la mujer española muestra, existen numerosos hábitos sexuales, de carácter natural, a los que se llega tras la riqueza de modos de la expresión amorosa, instintivamente, que al parecer no reciben el asentimiento de la española, que sigue considerándolas manifestaciones perversas. Sólo así puede explicarse tanta desarmonía sexual entre los matrimonios.

El problema real de muchas españolas en estos momentos de cambio de actitud es que la ignorancia sexual que padecen, las lleva a planteamientos falsos en la mayoría de los casos: desde considerar alto o bajo el ritmo de relación que sostienen con sus maridos (cosa que marca la capacidad de cada pareja y la intensidad de su amor) hasta dar por buena una constante relación amorosa insatisfecha, quizá por entender que sistemas como el *coitus interruptus* son menos perjudiciales que otros, cuando no es así.

Marie Bonaparte, una de las primeras mujeres que a principios de siglo investigó en el tema de la sexualidad femenina, escribió:

El comportamiento erótico de cada mujer es determinado por un fenómeno nervioso central, dirigido por el mayor o menor grado de virilidad zigótico-endocrina del organismo femenino, y por los estereotipos dinámicos adquiridos accidentalmente en la infancia.

Después habla también de que, aunque parezca una contradicción, la mujer hace suponer que tiene una menor autitud para las realizaciones eróticas, y una carga de libido también menor que el hombre, y sin embargo está más cerca del instinto sexual, más ligada a la sexualidad que él, «absorbida por completo».

Autores más actuales apuntan ya que caminamos hacia un mayor acoplamiento de los comportamientos sexuales, en la medida en que se produce la «masculinización» de la mujer y en la medida en que el hombre también se «feminiza», por lo que la agresividad y la dulzura, la actividad y la pasividad en el amor, y en la pareja, se neutralizan, y pronto dejarán de ser valores puramente masculinos o femeninos a la manera convencional.

Por encima de todo, podemos finalizar que la mujer española sigue creyendo en el amor, sigue entregándose por amor, por lo que si toma conciencia del problema de la adecuada sexualización de su matrimonio, y si consigue corregir los errores en los que ha caído por su falta de formación, venciendo temores y represiones, estará en condiciones óptimas como para alcanzar el adecuado acoplamiento de los sexos, ya que, por encima de todo, de la técnica y del conocimiento, todavía en la pareja humana sigue predominando el amor.

Es verdad que también tenemos registrado el caso de una paciente que, desde sus primeros días de matrimonio había encontrado satisfacción en las relaciones con su marido, hasta cuando él, queriendo perfeccionar, comenzó a regirse por esquemas fijos, entresacados de los libros de técnicas sexuales y las multimaneras de hacer el amor, y la mujer le llegó a decir:

—¿Por qué no te dejas de esas cosas y me amas como lo hacías antes, poniendo sólo el alma y la intención?

La misma española nos contaba que pocos días después aquellas reglas y consejos sobre la manera de hacer el amor acababan descuartizadas en el cesto de los papeles por una decisión común.

¿Caminamos acaso ya, camina quizá la española hacia una cierta liberación?

Una joven española, que ostenta la representación del movimiento femenino español de las *Women's Lib,* nos decía que en absoluto podíamos hablar de liberación, y menos de liberación en lo referente al sexo.

Sin embargo, numerosas mujeres casadas, que actualmente están entre los treinta y los cuarenta años, nos decían también:

—Si a mí hace sólo seis años me dicen que tengo que ponerme desnuda delante de mi esposo me desmayo. Y ahora, por el contrario, me parece necesario y él me hace muy feliz.

Y otra añadía:

—Hemos llegado a un entendimiento ideal: un día se «lo» pido yo y otro día me «lo» pide él.

Hacia una cierta liberación sexual...

Es evidente, pese al empeño negativo de la representante española del movimiento *Women's Lib,* que de alguna manera se ha iniciado ya el proceso de liberación sexual (y, por tanto, humanamente dimensional) de la mujer española.

Si es cierto que la mujer sigue estando bajo la opresión masculina (como lo es) y si hasta es posible que el hombre de nuestro tiempo se ha convertido en un «neo-patriarca» que quiere deslumbrar a la mujer actual con estados-reflejo y no reales de su liberación, no es menos cierto que la distancia que existe entre la vieja mujer española, la vieja matrona de la que comenzamos hablando en este libro, que todavía cumple años y todavía anhela, y la española de nuestros días, la que está en la universidad, en el campo o en el taller, en la oficina o la cuna, esa distancia entre ambas, decimos, más que abismal es infinita. Y solamente medio siglo separan a la una de la otra.

La liberación se ha iniciado; pero el camino es largo, muy largo...

No deja de ser menos cierto que todo esto, el hecho de que todavía en muchos colegios, en muchas escuelas, en muchos hogares, la española de hoy sigue recibiendo una educación provinciana en comparación a los niveles europeos, una educación tan impropia y restrictiva, tan victoriana, como lo era en los años de la preguerra. Sin embargo, la actitud en general de la mujer española es ya otra muy distinta; su comportamiento, más sincero y racionalizado; y su perspectiva, más amplia.

En cuanto a la liberación sexual de la mujer española, no hay que perder de vista que sólo era ayer cuando el simple corte de pelo significaba una indecencia, y el entrar en una cafetería sola, algo que sólo hacían las libertinas. Aunque la insatisfacción persista...

Para Amando de Miguel, «la liberación sexual es la forma más práctica de la liberación humana». Y el mismo sociólogo, en su artículo sobre la liberación sexual y afectiva de la mujer, dice:

De lo que piensen las mujeres educadas de hoy sobre estos puntos dependerá en gran medida la salud social de la generación que hoy va a la escuela.

¿Y qué es lo que piensa, realmente, la mujer de hoy sobre estos temas centrados en la sexología?

Gran parte de lo que piensa ha quedado expuesto a lo largo de las páginas precedentes; sin embargo, no ha sido reflejada, en absoluto, el ansia de cambio, ni esa tímida iniciación de la mujer española en pos de la liberación de su sexo. Mujer-objeto es lo que la española ya no se siente, de ninguna manera; aunque todavía persista en el mundo el hombre-objeto, como explicaría muy bien un buen manual de sociología.

Quizá la evolución de la nueva mujer española ante su problemática erótico-sexológica ha sido tan vertiginosa, que además de dejar al hombre atrás y extenuado, fuera de la carrera, no ha tenido tiempo ni sosiego para asimilarla y ha podido provocar un *shock* profundo, que necesita de un tratamiento tan eficaz como intenso. Quizá.

Pero todo esto sólo viene a confirmar que, efectivamente, una cierta liberación se inicia.

En estos momentos, las encuestas revelan que dos de cada tres españolas con menos de treinta y cinco años aceptan lo que de una forma circunspecta se ha venido en llamar «relaciones prematrimoniales». El dato es altamente significativo.

La española con aires de mujer liberada, que frecuentemente desconcierta al típico varón español, al incansable conquistador, al trasnochado «donjuán», es una mujer activa, desenfadada, amiga, aduladora, tremendamente coqueta, tremendamente asexuada y tremendamente engreída.

Con frecuencia, es una mujer que trabaja en una actividad bien remunerada, y que está haciendo una carrera, una carrera que durante muchos años no termina...

Su emancipación comenzó el día que su padre le dio la primera gran bofetada, y ella, que se las sabía muy suyas, que no se sentía sola en esta lucha pro-femenina, sin decir palabra cogió la maleta y trasladó sus cosas al apartamento de una amiga. A partir de entonces se siente más amiga de su padre, realmente dice que «le adora», pero ella prefiere cumplir su destino y vivir «a su aire» la vida.

Lo que nadie se explica es cómo los escasos sueldos que se pagan en la sociedad española (los sacrificados padres de familia se llevan las manos a la cabeza) pueden soportar el ritmo en que se desenvuelve nuestra liberada. Lo cierto es que ella, a medias con su amiga, puede pagar un apartamento de diez a quince mil pesetas, puede vestir a la última (tanto vestidos de noche como trajes-pantalón-chaqueta) y hasta puede aspirar al utilitario, aunque durante semanas, la tenga tan trastornada el examen de la auto-escuela.

Lo primero que hace nuestra española para sentirse más liberada es declarar guerra abierta a la costura y a la cocina. Ciertamente que, cuando se pone, sabe planchar un pijama o una camisa. Y que, cuando tiene invitados, después del primer plato, una sopa jardinera o una fabada de lata, sabe freír un filete, al que nunca pone patatas. Nuestra liberada, cuando invita a comer a su apartamento, en el que siempre hay libros amontonados y a lo mejor hasta una guitarra, casi nunca pone servilletas. Pero eso sí: da toda la confianza.

Esta nueva española ofrece, especialmente, una gran capacidad de sorpresa. Cuando el español se presenta timorato, así un poco delicado y caballero a la española, ella se muestra brusca, un tanto ladina, de vuelta de la situación y experta, como nadie, en eso de soltar tacos y poner las cartas boca arriba. Cuando el español se presenta más a la europea, displicente, un tanto estúpido y hasta descortés con ella, más se hace la asustadiza y más se repliega. Cuando uno espera encontrarla elegante y femenina, ella se presenta de «sport», con su suéter marrón y los pantalones de pana. Y, cuando por el contrario, acaso uno va de *sport* y se siente un poco «facha», ella se trae de casa el vestido más atrevido, y que encima tan bien le sienta. Realmente, lo difícil es acertar con ella.

La española liberada cree mucho más en la amistad que en el amor. En definitiva, lo que ocurre es que tiene miedo al amor y mucho más el matrimonio. Porque sabe que a sus padres, que tanto se querían... pues eso, tampoco les salieron bien las cosas. Y porque además ha visto lo que les sucedía a algunas de sus amigas.

Sin embargo, lo que esta española no quiere hacer es renunciar al amor por las buenas. Ni buscarlo, ni renunciarlo. Y cuando se decide a amar a alguien, tiene que ser «sin problemas». Aunque, en ocasiones, el desacoplamiento entre su actitud y su verdadera conducta pueda ocasionarles algún trauma.

Sólo cuando su amor por alguien se da en las condiciones más óptimas, ella se siente segura, decidida, activa y sexualmente liberada. A veces se sorprende o se pregunta por qué la mayoría de sus pretendientes, o sus mejores amigos, son personas que están casadas. Y aunque tal circunstancia no le importe en exceso, la coincidencia sí le preocupa.

En conciencia, la española liberada sólo persigue realizarse a sí misma y está dispuesta a tener éxito profesional y humano por ella misma, sin acordarse mayormente de la preocupación colectiva que siente por la liberación de clase o de grupo, o por la liberación social femenina.

A veces ha ocurrido que, pese a la firmeza de su postura, termina casándose por el juzgado o por la iglesia, compartiendo la casa con el trabajo, sintiéndose «un poco idiota» y acudiendo algunos domingos a casa de la cuñada, para aprender a hacer los macarrones o la paella. Pero tampoco es frecuente...

Sí ocurre con más frecuencia, entre esta española liberada, que al cabo de los dos años de matrimonio, se siente tan atada a las faenas de la casa, tan supeditada a las necesidades e imposiciones del marido (que no acepta las condiciones a la extranjera), tan convencional y tan española «no liberada», que acaba diciéndole ella que cada uno debe vivir por su cuenta.

Pero su actitud es tan abierta, que no se produce ninguna disputa, ni nadie se tira los trastos a la cabeza. A lo mejor resulta que la pareja queda «como amigos», que cuando se encuentran se toman una copa, que ellas están casadas pero no lo están, que están separadas pero tampoco lo están, que tienen muchos amigos pero se sienten a veces solas, que están cumpliendo su liberal destino pero que tienen sus dudas... Todo eso puede ocurrir, y de hecho está ocurriendo entre muchas españolas.

Otra cosa es cuando la misma española, con el mismo esquema de mujer liberada, encuentra o no su pareja, se casa o no se casa, y sabe trazar un racional equilibrio entre su actitud y su conducta.

En este caso, influye y mucho el grupo social al que pertenezca la española, el medio (rural o urbano) en que se haya desenvuelto o viva, y el propio acoplamiento que encuentre en el círculo social que le rodea.

Esta española es, precisamente, la que puede marcar la pauta, la que en definitiva está abriendo brecha, la que incluso está en condiciones de asimilar el cambio, la que ha vencido tabús y represiones en torno al sexo, pero concede el justo valor a lo que él representa. Y esta española es la que en nuestro tiempo tiene que decir, a veces sorprendida:

—¿Pero es que se piensa el español que porque soy una mujer liberada tengo la obligación de irme con quien me lo proponga a la cama?...

Otro de los síntomas que acusan la liberación sexual de cierta mujer española es el hecho de un mayor acoplamiento entre los matrimonios que ahora están entre los veinticinco y cuarenta años; así como las madres de familia que, tomando conciencia de la importancia y de la realidad que el sexo adquiere en su vida conyugal y en la pervivencia de su matrimonio, han evolucionado de forma adecuada, destruyendo (y no siempre sin esfuerzo) aquella educación represiva y aquellas formas victorianas que la sometían al marido, la anulaban, la insatisfacían, permanentemente la entristecían y la frustraban.

Pero todavía la sociedad española cuenta con muchos detractores que están dispuestos a que esta liberación femenina no se produzca, porque en su conciencia, tal paso significa una revolución de las formas, significa un atentado terrorista a la tradición, a la moral y a todas aquellas buenas costumbres de la vieja sociedad española, que a pesar de haber rebasado su fase climatérica en mucho, lo ha hecho de una manera brusca, precisamente «a la española».

Para este amplio sector de nuestra sociedad, todavía tiene vigencia ese viejo refrán que se dice en Asturias, quizá desde los tiempos de la Reconquista, que viene a cerrar nuestra historia:

«Al burru y a la mujer, muchu palu y pocu comer.»

¡Lástima!

Sumario

275
PESETAS